# LE DICTIONNAIRE
# DE MA VIE

René Frydman

# LE DICTIONNAIRE DE MA VIE

*Réalisé avec Maryvonne Ollivry*

KERO

Collection dirigée par Christian de Villeneuve



COUVERTURE
*Maquette :* Olo.éditions
*Photographie :* © Virginie Bonnefon

ISBN : 978-2-7021-6843-1

*À Julien, à Raphaël.*
*Deux fils.*
*Deux personnalités.*
*Vingt sur vingt chacun !*

# Avant-propos

Un dictionnaire ? Ah tiens, on ne me l'avait jamais proposé. Des livres liés à mon expérience de médecin, oui, des ouvrages de vulgarisation pour le grand public, j'en ai écrit un certain nombre, mais ça non. Un « dictionnaire de… *ma* vie » ? Et… pourquoi pas. D'abord parce qu'il ne s'agissait en aucun cas, comme je le craignais, de me livrer au sport de notre époque, révélations intimes à gogo, mais de choisir ce qui me tenait à cœur, les épisodes les plus exceptionnels de mon existence. Rencontres, voyages, moments forts, combats professionnels… Ce ne fut pas toujours facile de les « accoucher », mais vite la fraîcheur de la réminiscence a pris le pas, comme si, tapis dans l'ombre de ma mémoire, ces souvenirs ne demandaient qu'à ressortir et à être partagés.

J'ai aimé passer ces derniers mois à effeuiller ma vie afin de la mettre en prose. C'est comme s'offrir le luxe d'écrire de petites nouvelles, tirées de faits vraiment vécus. Cela m'a permis aussi de regarder par-dessus mon épaule, de savourer la chance d'avoir eu une vie riche, innovante, et ce n'est pas fini… Enfance, famille, internat, premiers pas professionnels, aventures médicales exaltantes, intérêts artistiques, sociaux, politiques : en égrenant les lettres de cet abécédaire, j'ai tout revécu avec gourmandise. La lecture n'est pas linéaire, elle peut se faire dans tous les sens. Ce n'est pas une démarche historique, construite, mais une association d'idées, de mots. Un sentiment de grande liberté sur les chemins du passé. Raconter, c'est revivre ! En outre il y a toujours un échange avec celui ou celle qui découvre l'événement. Avec vous, je l'espère. À vous de voir. À vous de lire.

# A

## Alfredo

*« Une amitié inoxydable. »*

Il est grand, Alfredo. Beaucoup plus proche de Don Quichotte que de Sancho Pança. Surtout quand il a le soleil dans le dos comme cet après-midi d'automne 1970 : on reconnaît sa silhouette d'échalas à l'ombre projetée sur le sol. Une vraie scène de western. Nous sommes à Deraa, sud-ouest de la Syrie, à quelques encablures de la Jordanie, du Liban et d'Israël. Une poignée de casemates de part et d'autre d'une rue sablonneuse. Et une ombre reconnaissable entre mille sur le sol : Alfredo ! Qui n'en revient pas de tomber nez à nez avec son ami français. Si loin de l'Europe, si loin de notre dernière entrevue. « René ! Incroyable ! » Dans les bras l'un de l'autre, heureux de cette pichenette du destin. Nous sommes jeunes et beaux, nous sentons bon le sable chaud, nous sommes partis chacun sans nous être concertés, pleins de nos convictions et de notre idéalisme. Lui, toubib cubain d'origine espagnole dont j'avais fait la connaissance cinq ans auparavant à Cuba et qui, depuis un an, s'était engagé auprès du Croissant-Rouge palestinien. Moi, venu avec une poignée de futurs médecins à l'appel d'étudiants palestiniens. Lors d'un meeting militant dans la salle de la Mutualité à Paris[1], ils nous avaient décrit la situation de leurs compatriotes après ce qu'on appellera « Septembre noir », cette offensive militaire du roi Hussein de Jordanie contre l'OLP (Organisation de libération de la Palestine) de Yasser Arafat, en représailles aux tentatives palestiniennes de renverser le régime avec l'aide notamment de l'armée syrienne. Bilan : des blessés civils et un manque critique de soignants. Ni une ni deux, nous sommes partis, laissant femmes et enfants, pour leur prêter main-forte. Mes amis les plus proches, Freddy Zelcer[2], Jean-Daniel Rainhorn, aujourd'hui professeur honoraire de santé internationale et d'action humanitaire, étaient du voyage ; nous nous retrouverons sur d'autres missions. Nous débarquons à Beyrouth où nous étions censés activer un hôpital d'arrière, très sauveurs du monde en mode *battle dress*, un peu étonnés d'être embarqués dans une voiture de sport occupée par de jolies

1. La Maison de la Mutualité, rue Saint-Victor dans le Ve arrondissement de Paris, est une salle célèbre de meetings, surtout politiques.

2. Voir chapitre « D comme Disparition ».

Libanaises ultramaquillées, et d'être hébergés le premier soir dans un hôtel superluxueux du front de mer avec une énorme piscine, où nous nous retrouvons pour le débriefing… sans aucun blessé à l'horizon. Pas question de rester oisifs. Nous voulons en découdre, ou plutôt coudre, recoudre… enfin être utiles. Le lendemain nous prenons la route pour Damas dans l'intention de rejoindre ensuite les camps palestiniens d'Amman. Un trajet un peu compliqué, avec de temps en temps des soldats méfiants de l'armée du roi Hussein de Jordanie qui exigent, kalachnikovs pointés dans notre direction, que nous criions : « VIVE HUSSEIN ! » Nous arrivons tant bien que mal à l'étape de Deraa. Le Croissant-Rouge y est présent. Je m'informe pour savoir si par hasard Alfredo est dans les parages… Bingo. Mon ami, âme de bourlingueur engagé, est là !

Très *battle dress* lui aussi, Alfredo nous enjoint de garder notre sang-froid quand, logés la nuit dans une école, nous découvrons que nous dormons à côté du stock d'armes et qu'il suffit d'un rien, d'une grenade, d'une attaque au mortier pour que tout explose… Le lendemain, alors qu'on s'apprête à repartir, sollicités par Fathi, le frère médecin d'Arafat, responsable du Croissant palestinien, pour apporter du secours dans les villages frontaliers jordaniens bombardés par les tanks de Hussein, nous apprenons qu'une ambulance vient de sauter sur un champ de mines… Mais bon, quand il faut y aller, il faut y aller. Alfredo, lui, est déjà parti. Seulement, sans autorisation du Croissant-Rouge, on ne passe pas comme ça les frontières de pays du Moyen-Orient en guerre. Plus raisonnables, nous avons attendu que la demande officielle d'un chirurgien et d'un médecin nous soit donnée avant de monter avec Jean-Daniel dans l'ambulance qui nous attendait. Quelques heures plus tard, nous franchissons la frontière sans difficulté alors qu'Alfredo, dépité, est bloqué dans sa 2 CV Citroën blanche avec les têtes brûlées volontaires qu'il avait recrutées, dont mon ami Arrigo Lessana, futur grand chirurgien cardiaque. Surréaliste. Je ne peux m'empêcher de faire cette remarque à Jean-Daniel : « Il y a cinquante-cinq mille médecins en France, il y a vingt pelés qui partent en Jordanie, et il y en a deux qui traversent la frontière : toi et moi ! »

Ce qui nous attendait de l'autre côté était moins glorieux : des fractures, de grands brûlés, des blessés à amputer. Je ne suis encore qu'étudiant mais, face à la septicémie et la mort, l'heure n'est pas à tergiverser. Nous passons notre journée dans un dispensaire de fortune. Notre matériel : des « valises chinoises », conçues à l'époque de la Longue Marche de Mao Tsé-toung, avec toutes sortes d'instruments de chirurgie à stériliser. Le soir venu, les chars s'approchant du village, nos hôtes décident de nous ramener fissa en Syrie, à Deraa, afin d'assurer notre sécurité. Le lendemain, le président Nasser ayant réussi à arrêter les combats, nous partons pour Amman : les camps de réfugiés palestiniens y sont installés sur les collines. On se divise en plusieurs petits groupes. Inséparables, Jean-Daniel et moi filons à l'hôpital d'Achrafieh où, la veille, les blessés palestiniens avaient été achevés par l'armée. Dur. Vraiment.

On se protège du froid le soir venu sous de grandes capes en feutre de l'armée russe, vestiges de l'Armée rouge de Trotski et, entre deux interventions, on discute avec la lune et les étoiles en compagnie de fedayins. Ils savent qu'on vient les aider en tant que médecins, que la plupart d'entre nous sont juifs, on ne le cache pas. Des moments très forts d'échanges en anglais ou en français. Nous sommes restés quelques jours avant de rentrer en France, grâce à notre ambassade, quand la situation est devenue moins aiguë. Alfredo, lui, est resté sur place pour d'autres missions. Jusqu'à ce qu'il ne supporte plus la bureaucratie et la corruption de l'administration palestinienne. On se retrouvera en Europe pour d'autres aventures.

Alfredo, je l'avais donc connu quelques années plus tôt. À Cuba. Oui, je sais… Mais Cuba n'a pas toujours été un régime rigide et totalitaire. Dans les années 1960-1965, pour notre jeunesse, ce Cuba nouvellement socialiste représentait un souffle de libération. À l'unisson de ce qui se passait un peu partout dans le monde : la décolonisation, le réveil des populations, la fin de l'impérialisme. Moi, j'étais membre de l'UNEF (rien à voir avec celle d'aujourd'hui !) et de l'Union des étudiants communistes (UEC) qui suivaient la ligne du mensuel *Clarté*, dirigé par Jean Schalit (rien à voir non plus avec la ligne du PC de l'époque !). Pas mal d'entre nous d'ailleurs se feront lourder. À l'UEC, il y avait différentes tendances ; j'étais, avec Bernard Kouchner, de ceux que nous appelions « les Italiens », comprenez les moins enclins à applaudir au stalinisme triomphant. Nous étions une génération de baby-boomers attentifs aux événements du monde, de la guerre d'Algérie au réveil du Vietnam, des révolutions de l'Amérique latine à la chute de Batista à Cuba. Je garde un formidable souvenir de ces années-là. Bientôt allait se tenir – le 3 janvier 1966 à La Havane – la Tricontinentale, cette Conférence de la solidarité avec les peuples d'Asie, d'Afrique et d'Amérique latine. Nos regards sortaient de notre pré carré français pour dépasser les frontières. À nos yeux d'étudiants de gauche, il n'y avait rien de plus romantique que ces Barbudos des forces rebelles de la révolution cubaine. C'était David contre Goliath. Un petit pays des Caraïbes qui tenait tête aux Américains et n'acceptait plus d'être le terrain de jeu de la prostitution et de leur mafia. Et puis, il y avait l'attrait d'un grand voyage, la rencontre avec une autre culture.

Nous sommes une cinquantaine à partir en juillet 1965 à l'invitation de *Clarté* et de l'UEC. Curieux de découvrir la nouvelle société de Castro. Monique, ma future épouse, étudiante aux Beaux-Arts, est du voyage. Évelyne Pisier, l'amoureuse française de Castro, aussi. Justement. Après un mois de voyage très organisé, façon visite des pays de l'Est en pleine Guerre froide, où l'on nous a baladés aux deux sens du terme, Évelyne, n'ayant pas encore pu voir son Dieu et maître, trop occupé, décide de rester un mois supplémentaire. Et si nous restions aussi ? Soit. Une amie d'amis nous trouve un endroit pour crécher : un bel appartement en plein cœur de La Havane dont les propriétaires sont absents. Suffit de s'entendre avec leur fils et beau-fils. Voilà comment le lendemain on rencontre Alfredo, fils du comte de Villamonte, s'il vous plaît, un Espagnol franquiste, dont l'épouse – la mère d'Alfredo –, productrice de cinéma en Espagne, aux idées diamétralement opposées, s'était séparée. Autant dire qu'elle avait fait sa petite révolution personnelle avant de venir soutenir celle de Cuba : elle avait quitté mari et Espagne clandestinement – le divorce n'était pas alors autorisé –, avec son nouveau jules – qui se prénommait Raphaël –, en cachant ses deux enfants dans le coffre de la voiture. Des douaniers communistes les ont aidés à franchir la frontière. Direction Cuba. Où Alfredo passera une bonne partie de sa jeunesse et fera ses études médicales avant de s'engager avec le Croissant-Rouge palestinien.

De l'appartement à La Havane, on a pu sillonner l'île en stop. Jusqu'à l'autre bout, sur la fameuse Sierra Maestra, qui fut le lieu de refuge d'où Fidel Castro, le Che et les Barbudos ont propagé leur mouvement révolutionnaire. Nous sommes restés quelques jours dans ces montagnes, le temps d'assister à des cours d'alphabétisation dispensés sous des tentes et des paillotes. Après deux nuits à Santiago de Cuba où la fête nationale battait son plein dans un délire étonnant de danses, de musique, de liberté du corps, nous avons tenu à rencontrer des médecins. Un des points positifs de Cuba : la médecine de terrain. Le gouvernement avait construit des dispensaires pour que la médecine soit au plus près des gens, selon des unités reproductibles dans toute l'île. Alfredo va aussi me convier à partager sa garde d'obstétrique. J'étais loin à l'époque de me destiner à cette spécialité. J'ai donc vécu mon premier accouchement à Cuba. Une mère de famille qui mettait au monde son sixième enfant : un bébé qui est sorti le poing fermé tendu au-dessus de sa tête ! Un bon petit révolutionnaire cubain. Tout juste s'il ne brandissait pas un drapeau rouge…

Nous sommes également allés donner un coup de main dans les champs de canne à sucre, leur seule richesse. Mais, plus libres que lors du premier mois, nous avons eu loisir de découvrir le pays, ses rites, sa culture. On a assisté par exemple à des pratiques religieuses anciennes, mélange de catholicisme, de rites haïtiens et de croyances africaines. Avec une dévotion éperdue à la Vierge noire. Je me souviens des *santeros*, espèces de gourous qui entraient en transe, avec ou sans rhum. Mais plutôt avec. Un soir, nous sommes allés voir une représentation de la *tumba francesa*, cette danse clin d'œil aux propriétaires d'origine française ayant fui Haïti en 1791 qui étaient réputés pour traiter leurs esclaves avec humanité. Imaginez une grande pièce avec une estrade contre le mur du fond. Des hommes très âgés qui tapent sur des troncs d'arbres évidés de façon assourdissante. Un rythme endiablé. Deux portes latérales à l'orchestre qui soudain s'ouvrent et des personnes noires de peau déguisées en petits marquis de Louis XVI avec perruques, costumes satinés, au bras de Cubaines en robes longues et crinolines, et tous se mettent à danser le menuet sur ce rythme-là. Exotisme toute !

Cuba, c'était aussi une atmosphère à nulle autre pareille. Les grosses voitures américaines de couleurs acidulées dans les rues de La Havane, les femmes avec leurs bigoudis sur la tête, la musique, romantique à pleurer, appelée *son*, inimitable avec ses voix enchevêtrées – que l'on connaîtra quelques années plus tard chez nous grâce au Buenavista Social Club –, les chansons révolutionnaires, les tubes de Guillermo Portabalès, le Brassens du coin… Le tout écouté en sirotant un daïquiri ou un Cuba libre, *por favor*... Nous allions de découverte en découverte. Un enchantement.

Il y en eut de moins riantes. Un jour, entre deux gardes à l'hôpital, Alfredo me dit : « Je crois qu'il y a un procès cet après-midi, on va voir ? » De fait, à la fac de médecine, une centaine d'étudiants et de profs étaient réunis dans un amphithéâtre. On assiste à ce truc inimaginable : la dénonciation des étudiants soupçonnés d'être homosexuels ! Devant nos yeux ahuris, on voit des types tenter de se défendre, certains assument courageusement mais sont virés de la fac dans la foulée... Grosse douche froide sur notre romantisme échevelé. Nous en repartons le cœur lourd, les idées à l'envers. Le début d'une mise à distance. Il nous faudra du temps, nous avions si fort voulu y croire...

En 1966, je serai viré de l'UEC. Sans regret. Cela commençait à faire beaucoup : les tanks à Budapest, le raidissement cubain, la politique soviétique relayée par le PC français... Notre tendance libérale « italienne » n'est plus tolérée. Après, j'aurai – autre idéalisme – mon embardée chez les maoïstes. Il est vrai que l'information sur la répression en Chine, on ne l'a eue que progressivement... Pour nous, c'était encore le pays de la campagne des Cent Fleurs, censée redonner une certaine liberté d'expression. Tellement plus séduisant que l'écrasante bureaucratie stalinienne. Jusqu'à ce qu'on comprenne que ce n'était pas tout à fait ça...

Alfredo, je l'ai retrouvé plusieurs fois en Europe, en Italie, où il était parti s'installer avec une énième compagne. Il n'était plus médecin, mais photographe d'art. Vrai qu'il connaissait personnellement Calder, Miró... Il a commencé par photographier leurs œuvres et s'est piqué au jeu. Un jour, il m'appelle et me dit : « René, je voudrais revoir mon père. Tu ne viendrais pas à Madrid avec moi ? » Je rétorque que ça risque de lui faire un choc depuis le temps, une bonne dizaine d'années tout de même, depuis sa sortie clandestine dans le coffre de la voiture maternelle. Mais quand Alfredo veut quelque chose... Nous voilà partis tous les deux pour un Paris-Madrid en 2 CV. On passe la frontière – il y en avait encore – et on débarque chez son père. Enfin, non, on ne débarque pas. Il faut dire que le fameux *padre*, comte de Villamonte, n'a qu'une passion : les cartes. Il passe toutes ses nuits dans un club de bridge chic et dort le jour. Je m'étonne qu'Alfredo ne lui téléphone pas en fin de matinée pour annoncer sa venue. Il est trop tôt, me répond-il. Nous devrons attendre l'heure propice. À peine les deux hommes ont-ils échangé deux, trois mots, que le comte nous fait visiter son centre de bridge. Sa fierté. Il nous propose de dormir chez lui. Mais cette urbanité ne trompe personne : on ne rattrape pas tant de silences. Il n'y a, et il n'y aura, aucun atome crochu entre le père et le fils. Alfredo n'insistera pas et, au lieu de prolonger le séjour, propose de filer voir sa tante à Málaga. En route, comme j'avais envie de voir un vrai flamenco, on s'arrête dans un hôtel à Cadix. À six heures du matin, la Guardia Civil déboule dans notre chambre – « On vous arrête ! » – et emmène Alfredo ! La raison ? « Vous n'avez pas fait votre service militaire ! » Le matin, je vais le voir à la prison, une prison basse comme on en voit dans les films de cow-boys. Derrière les barreaux, mon Alfredo avait étonnamment le moral. Fidèle à son tempérament de baroudeur, il me dit :

« René, tu vois là-haut, la lucarne ? J'ai déjà parlé avec le mec qui partage ma cellule, on va se barrer cette nuit.

— Mais Alfredo, t'es complètement fou ! Et puis, tu ne sais pas qui est ce type ! »

Impossible de le raisonner – « Mais je ne veux pas rester ! » Tout de même, il n'avait pas complètement perdu le nord parce qu'il a pensé à ses appareils photo. Pas question en plus d'être accusé d'espionnage (Cadix était une base américaine). Il m'a demandé d'aller les planquer chez sa tante à Málaga. Je suis reparti avec la deudeuche, les ai confiés à la tata et ai repris la route seul pour Paris. Alfredo a été condamné à six mois de service militaire disciplinaire au Sahara espagnol. Que son père – oui, tout de même ! – a pu faire réduire à quatre mois. Une fois accompli son service, il s'est offert quelques vagabondages aux États-Unis et autres pays civilisés, avant de retourner en Espagne à la fin du franquisme, l'air ibérique y devenant plus respirable, puis s'est définitivement installé à Madrid. En bon fils du comte de Villamonte, il a hérité de la somptueuse propriété familiale près d'Ávila, où règne une atmosphère mystique empreinte de sainte Thérèse et du rabbin Moïse de León, auteur supposé du Sefer ha-Zoar (le Livre de la Splendeur), l'ouvrage clé de la Kabbale, comme quoi ! Dans cette tanière, où soufflent les vents de l'introspection et de la création, Alfredo pense, vit art. Il est devenu galeriste, un univers commun à celui de Monique, mon épouse, ce qui nous rapproche encore.

Il s'est marié pour la troisième fois. Une vie bien remplie, pleine d'enfants. Il a été représentant des francs-maçons en Espagne, et il a hérité de la noblesse du cœur. Il est beaucoup moins révolutionnaire mais tout aussi humaniste. Il m'évoque le personnage du Guépard, héros du roman de Giuseppe Tomasi di Lampudusa. Un guépard qui a rentré ses griffes en prenant acte de la fin d'une époque.

Quant à Cuba, j'y suis retourné en 2008 comme médecin et professeur cette fois. Pour un congrès médical franco-cubain que je présidais. Alors qu'on veut me donner la parole, je vois un homme qui s'approche : le traducteur. Inutile, lui dis-je, et me voilà parti dans une envolée d'un pur *castellano*, imbibé des souvenirs de mes discussions avec l'Alfredo d'avant et d'aujourd'hui. Cela fait près de soixante ans que nous nous voyons chaque année quelque part dans le monde. Des amitiés comme celles-là sont inoxydables.

# B

## Bébé-Crevette

*« Amandine, jolie crevette de 3,420 kg et 51 cm. »*
*« 24 février 1982, première naissance en France d'un enfant fécondé in vitro. »*

« Papa, c'est quoi un bébé-crevette ? » Mon fils a de ces questions ! On n'a pourtant pas mangé de fruits de mer récemment, ni visité d'aquarium... Soudain je comprends : Raphaël doit parler de « bébé-Fivete » ! Nous sommes en 1982, quelques jours après l'annonce de la naissance d'Amandine. Radios et télés couvrent largement l'événement : le premier bébé-éprouvette français, né de ma collaboration avec Jacques Testart, et avec le soutien d'Émile Papiernik, notre « bébé-crevette », comme l'a traduit mon gamin de cinq ans. J'ai trouvé ça mignon.

Ce 24 février 1982, il ne s'agit pas seulement de la première naissance en France d'un enfant fécondé *in vitro*, c'est aussi, pour toute l'équipe de l'hôpital Antoine-Béclère et pour tous les couples qui ne peuvent concevoir, la naissance de nouveaux espoirs. Je suis tellement heureux, après la naissance d'Amandine, moi le bien prénommé Re-né – car il s'agit bien d'une deuxième naissance ! –, que je ne conduis pas, je flotte, je vole dans le Paris désert traversé au petit matin pour rentrer à mon domicile. Douce sensation d'euphorie.

Aucune vanité dans ces propos, simplement la satisfaction d'avoir mené à bien, avec une équipe compétente et impliquée, cette aventure. Pas sûr, vu les normes imposées aujourd'hui, qu'on pourrait l'entreprendre à nouveau. Nous avons eu de la chance, nous avons fait preuve de ténacité aussi. C'était, à tout point de vue, une autre époque. Confrontés à des cas de stérilité féminine due à une salpingite, une infection qui endommage les trompes de Fallope, nous passions des heures à essayer de les déboucher en microchirurgie. En temps normal, c'est joli, une trompe. Très joli, même. Comme une fleur. Quand elle est en bonne santé, elle s'ouvre, forme un pavillon de couleur rose puis vient se coucher avec une certaine sensualité sur l'ovaire, blanc comme une grosse perle de nacre. Mais quand une trompe est altérée, ça n'a pas du tout la même apparence. D'abord le pavillon n'est pas ouvert mais fermé, obstrué par des couches d'adhérences qui font barrière entre l'ovulation et la trompe et, au lieu d'une couleur rose avenante, ce ne sont que suppurations, dépôts grisâtres. On a beau s'échiner en microchirurgie avec des fils à peine visibles pour lui redonner son aspect de fleur ouverte, peine perdue : le plus souvent la trompe atteinte sécrète du liquide infecté et se referme, rendant toute grossesse impossible. En bon chef de clinique qui se respecte et lit régulièrement sur le sujet, je tombe sur un article de Robert Geoffrey Edwards, biologiste britannique, futur prix Nobel. Dans le *Lancet d*e 1975, Bob Edwards, comme on a coutume de l'appeler, annonce qu'il vient d'obtenir, en collaboration avec Patrick Steptoe, une première grossesse par fécondation *in vitro*. Grossesse extra-utérine, malheureusement, mais quelle étape franchie ! La rencontre en laboratoire de l'ovule et du sperme, aboutissant à un embryon qu'on va replacer dans l'utérus est un miracle humain. On peut désormais intervenir directement dans le processus de notre reproduction. Cela va tout changer.

Dans le service, il se trouve qu'une biologiste, Ondine Bomsel, connaît Bob Edwards. Par son entremise, je le rencontre fin 1977 dans le hall d'un hôtel parisien. Peu de personnes s'intéressent alors au sujet, il m'encourage chaleureusement. Émile Papiernik, mon patron, me donne le feu vert. Je commence à travailler avec Ondine sur les différents aspects de l'ovocyte avant fécondation. En clair : il nous faut en prélever. Comme je suis le chirurgien de la bande, je choisis les femmes qui ont besoin d'une opération chirurgicale par cœlioscopie (pour voir un kyste, un fibrome, telle ou telle adhérence), et j'essaie de les programmer au moment présumé de leur ovulation, ce qui, vu le peu de régularité de vos cycles, mesdames, est assez rock'n'roll. Normalement, chaque mois lors de l'ovulation, on voit pousser sur l'ovaire une espèce de grain de raisin d'un centimètre et demi. Avec une seringue, je ponctionne le liquide censé contenir le pépin (un ovocyte). Au labo, Ondine regarde si la pêche a été fructueuse... Méthode un peu rustique, exempte de tout protocole de recherche en bonne et due forme, j'en conviens, on n'a d'ailleurs pas obtenu grand-chose sur le plan scientifique, mais au moins je m'entraîne à prélever des ovocytes, première étape de la technique de fécondation *in vitro*. Comme un certain nombre de biologistes français, Ondine préfère s'en tenir aux fécondations *in vitro* sur les animaux. On me parle alors d'un jeune biologiste de l'Institut national de recherche agronomique (INRA), Jacques Testart. Je le contacte ; l'idée de passer des bovins aux humains, selon la voie tracée par Bob Edwards, l'enthousiasme.

Juillet 1978, dans Venise en *acqua alta*, Bob Edwards et Patrick Steptoe annoncent lors d'un congrès qu'ils ont mis au monde le premier bébé-éprouvette, Louise Brown. Cinq mille personnes présentes, dont votre serviteur. Quatre mille neuf cents qui pensent que c'est du flanc, que le bonhomme est barjo, et cent, l'inverse. Une réussite qui nous stimule bien sûr, Jacques et moi. Testart transforme une couveuse (qui est toujours exposée au musée de l'Homme), installe un microscope dedans, et on se met à examiner spermes, ovocytes, avant de se lancer sur de vraies patientes souffrant de problèmes de fécondité.

Jean Cohen, Jacqueline Mandelbaum et Michèle Plachot, à Sèvres, travaillent eux aussi sur la FIV. Ils ont des patientes mais ne parviennent pas à avoir d'embryon. Blocage au niveau biologique. On décide d'unir nos compétences. Après avoir reçu les gamètes prélevés à Sèvres, Clamart se charge de la fécondation. Deux jours plus tard, nous l'obtenons. Me reste à emporter l'embryon confectionné par l'équipe de Testart à Sèvres, où j'assiste à son transfert *in utero*. Bingo : la jeune femme commence une grossesse ! Bravo la biologie de Clamart ! Première française ! Jean Cohen se précipite dès le premier taux d'HCG positif pour annoncer la grossesse dans les médias. Gros titres saluant la réussite de l'équipe de Sèvres… et seulement elle. Notre intervention ? Notre fécondation *in vitro* et les deux premiers jours de développement embryonnaire ? Aux abonnés absents. Un manque d'élégance qui douche et déçoit les jeunots enthousiastes que nous sommes alors. Bien mal acquis ne profite jamais :

la grossesse « sévrienne » se solde par une fausse couche précoce.

Nous avions derrière nous une vingtaine de tentatives quand Annie, la future maman d'Amandine, commence sa grossesse en mai 1981 après une implantation d'embryon. Joie. Nous la couvons des yeux et du cœur. La grossesse a beau se dérouler normalement, elle reste exceptionnelle. Pas question de se laisser déborder par une indiscrétion. Prudents, nous faisons en sorte de banaliser le dossier d'Annie, d'en faire une anonyme parmi d'autres. Seules trois autres personnes en plus de Papiernik, Testart et moi sont dans la confidence : Francine Dauphin, sage-femme surveillante, l'anesthésiste Christian Champagne et Violaine Kerbrat, sage-femme, dont on laisse croire qu'elle est une cousine d'Annie. Mais plus la grossesse approche du terme, plus il devient difficile de maîtriser l'événement. Des visiteurs traînent dans les couloirs, certains avec des appareils photo… Il faut redoubler de ruse afin de répondre au souhait du couple : tout faire pour que ce soit un accouchement serein et naturel. Les premières grossesses avec FIV dans le monde – Amandine est la quatrième – ont été césarisées, mais, avec mon équipe rapprochée, je suis d'avis contraire, vu que tout se passe bien : ce serait idiot de recourir à une césarienne systématique pour calmer les angoisses des accoucheurs. Mais comment expliquer ma présence aux côtés d'une parturiente pour un accouchement banal sans éveiller les soupçons ? Colossale ruse, j'écris sur un grand panneau du service : « Accouchement de Mme X le dimanche 28 février, césarienne. » Pour tout le personnel, c'est évident : il s'agit de la fameuse grossesse conçue par FIV ! En fait, Annie ne doit pas accoucher après le 24, jour de son terme. Ponctuelle, elle arrive dans le service l'après-midi du 23, accompagnée de Violaine, sa soi-disant cousine sage-femme. Personne n'y trouve à redire. Violaine, qui surveille le travail, m'avertit : le bébé risque d'arriver dans la nuit. Zut ! Si ceux qui sont de garde me voient arriver à pas d'heure pour un accouchement de routine… Comment faire ? Idée : je contacte Marie-France, une secrétaire du service, que je dois réellement césariser le lendemain matin. Je lui explique la situation et lui propose : « Si tu veux bien, et si ton mari est d'accord, on va dire qu'on est obligés d'avancer ta césarienne à ce soir. » À vingt-trois heures, dans le service, on annonce que Marie-France a mal au ventre, qu'il va falloir prévoir sa césarienne. Et on m'appelle : rien de plus logique que je me déplace pour ma secrétaire. Je me rends au bloc, puis, une fois la césarienne effectuée, je me renseigne discrètement sur ce qui se trame dans la pièce d'à côté avec Annie. La dilatation progresse comme dans un film. Un peu plus tard, Violaine déboule et, d'un ton aussi inquiet que naturel – parfaite comédienne –, lance : « René ! Ça ne se passe pas terrible, tu pourrais venir s'il te plaît ? » Hop, je file voir Annie – puisqu'on me le demande ! – et quelques minutes plus tard, tout ému, je prends entre mes mains un beau bébé dont les parents m'annoncent ce prénom plein de finesse et de tendresse : Amandine. Née le plus sereinement du monde à 1 h 30 du matin. Jolie crevette de 3,420 kg et 51 cm dont je serai le parrain sur les fonts baptismaux. Et que je revois toujours comme on revoit un membre de sa famille proche, anniversaire, communions, thèse en faculté, mariage… Trente ans plus tard, le 12 juin 2013, à l'hôpital Foch, je l'ai même aidée à mettre au monde sa petite fille, puis, trois ans après, son petit garçon, conçus tous deux de façon on ne peut plus naturelle. La boucle de la vie. Avec ses émotions partagées.

Fou, le lendemain de la naissance d'Amandine ! La conférence de presse, près d'une centaine de micros tendus, les télés, les retombées médiatiques… L'excitation face à tant de curiosité. Je l'avoue, l'homme de trente-neuf ans que je suis alors a aimé ces premiers contacts avec les médias. On me l'a parfois reproché mais j'assume, cela nous a permis d'entretenir le débat, de diffuser nos idées dans le public. Et puis comment ne pas être fier, en cette année 1982, de voir la médecine française de la procréation se hisser au niveau international ? De nouvelles possibilités et déjà mille questions qui se bousculent, début d'un énorme débat de société avec sa palanquée de problèmes éthiques. Même si nous ne vivons nullement cette avancée technique comme la prise d'un pouvoir quasi divin, même si mon but reste d'aider les couples ne parvenant pas à concevoir un enfant, certains s'inquiètent : puisque nous avions pu mettre au monde Amandine, que ne serions-nous pas capables de faire ? Eugénisme de confort ? Choisir l'enfant idéal ? Fantasmes, bien sûr, et complète erreur d'appréciation. Ma ligne de conduite n'a jamais fait fi de nécessaires limites, ce qui n'empêche pas d'accueillir avec intérêt les prochaines découvertes.

Bientôt, afin de mieux maîtriser l'ovulation et de cesser d'agir au petit bonheur la chance pour prélever un ovocyte lors d'un cycle naturel, on va passer au stade supérieur : la stimulation avec des hormones pour recueillir plusieurs ovocytes qui seront fécondés, puis la congélation des embryons surnuméraires pour un transfert ultérieur. Cette dernière a été initiée par les Australiens en 1984. En France, nous la réussirons deux ans plus tard, à Clamart, avec la naissance de jumeaux, Sarah et Guillaume. Autre étape : 1985, en Australie, le premier bébé conçu par don d'ovocyte (issu d'une autre femme). Se posaient alors de sérieuses questions médicales quant aux éventuels rejets. Toute grossesse déjà est un point d'interrogation puisque la moitié de l'embryon est constituée d'élément étranger (le gamète de l'homme), pourtant on constate un phénomène de tolérance immunitaire. Mais qu'allait-il se passer avec en plus un ovocyte venu d'ailleurs ?

Dans les années 1990, autre progrès, cette fois pour pallier la stérilité masculine : l'ICSI, l'injection intracytoplasmique de spermatozoïde, qui permet de choisir un seul spermatozoïde et de l'insérer dans l'ovocyte sous microscope pour réussir une fécondation. Solution à l'infertilité masculine. Nouvelle grande étape : le DPI, ou diagnostic préimplantatoire, initié par les Anglais en 1990, c'est-à-dire la possibilité d'analyser génétiquement un embryon – obtenu par fécondation *in vitro* – en lui prélevant une ou deux cellules au troisième ou cinquième jour de culture. Le DPI est proposé à un couple qui a une forte probabilité de transmettre à son enfant une grave maladie génétique reconnue comme ne pouvant pas être guérie au moment du diagnostic. Maladie préalablement identifiée au niveau des chromosomes ou de l'ADN chez l'un des deux membres du couple. La fécondation *in vitro* permet justement de sélectionner un embryon avant de l'implanter. Dans le cadre de la loi de bioéthique de 1994, le Parlement a donné son accord. Cadre très strict. Pas question de permettre n'importe quoi. On reste sur les risques d'une maladie génétique connue dans la famille, portée par au moins un des parents et, parfois, l'ayant déjà transmise à un de leurs précédents enfants. Ça va de la maladie de

Charcot à la thalassémie en passant par la mucoviscidose ; bientôt une soixantaine de maladies dégénératives pourront être diagnostiquées. Le DPI est donc voté mais les décrets ne sortent pas, du fait d'une opposition du ministre de la Santé en place. Il faut attendre les élections de 1999 et le changement de majorité politique qui aboutit à la nomination de Bernard Kouchner – qui me choisit cette fois-ci comme conseiller bioéthique – pour qu'on puisse réaliser à Clamart le premier DPI : Valentin naît l'année suivante dans mon service, exempt du mal – un déficit enzymatique hépatique – qui avait emporté trois de ses aînés. Le scandale aujourd'hui c'est qu'il y a peu de centres en France autorisés à proposer un diagnostic préimplantatoire. Cinq seulement. À Paris, les couples attendent un an et demi en moyenne, le temps passe, mettant à mal la réserve fertile de la femme, et par voie de conséquence les chances de succès. Sans doute la crainte d'une dérive eugéniste explique cela. Mais je le dis et le redis, il ne s'agit pas de « produire » des embryons à la carte et en aucun cas d'avoir pour objectif l'enfant parfait. Mais d'éviter la naissance d'un enfant atteint d'une maladie mortelle ou gravissime. Les couples présentant un risque de transmission de maladie subissent ainsi dans notre pays une double peine.

Fin 2010, nouveau progrès à Clamart : la naissance, jumelle là encore, de Jérémie et de Keren, obtenus non pas à partir d'embryons congelés, mais d'ovocytes congelés de leur mère par la méthode dite de congélation lente, autorisée mais bien moins performante que la méthode par vitrification. Celle-ci a été développée par les Japonais dès 2005 mais était interdite chez nous car assimilée – à tort – à de la recherche sur l'embryon. Soit. Nous avons donc rusé et usé de la seule congélation lente – elle, autorisée – et... réussi notre fécondation d'ovocytes ! Pied de nez aux empêcheurs d'avancer sur le chemin de la science, qui permettra d'aboutir enfin à l'autorisation de la vitrification avec la troisième loi de bioéthique en 2011.

La naissance de Jérémie et Keren a beau être une première française, et à Clamart une fois de plus, j'ai du mal à lancer un cocorico tant nous avons été retardés par rapport au Canada, au Japon, aux États-Unis ou encore l'Espagne. Nous étions dans le peloton de tête en matière de recherche en médecine de la procréation durant vingt ans et nous voilà à la traîne... Or la congélation des ovocytes est une aubaine pour les femmes atteintes de cancer devant subir une chimiothérapie afin de sauver leurs ovocytes : en les congelant, elles pourront les utiliser plus tard, une fois guéries et disposées à être mamans.

Ces quarante ans d'histoire de la PMA ont été marqués par une suite de progrès conquis un par un de haute lutte. À chaque étape, une résistance conservatrice s'est élevée. S'opposant déjà au principe même de la PMA, elle a tout naturellement affiché son désaccord à la congélation des gamètes et des embryons, et bien sûr au DPI, avec sa possibilité de choisir les embryons sains parmi des embryons anormaux.

Depuis la loi de bioéthique d'août 2021, on voit, avec l'autorisation de la PMA pour toutes, de l'autoconservation ovocytaire et de l'accès aux origines pour les enfants issus d'un don, que les débats portent de plus en plus sur des questions de société. Ces acquis ne vont pas sans susciter de nouvelles difficultés, ne serait-ce que pour répondre à la probable pénurie de dons de gamètes. Quant à la GPA, le clonage ou l'utilisation des ciseaux génétiques susceptibles de modifier le génome humain, ils restent heureusement interdits. Rarement le rôle de la réflexion éthique comme facteur limitant ces champs du possible n'a été si crucial. Encore faut-il préciser les fondements de l'éthique. Nous y reviendrons à la lettre E.

# C

## Covid

*« Les quatre piliers de la connerie :*
*les médecins à l'ego surdimensionné,*
*les chaînes d'infos, l'industrie pharmaceutique,*
*les publications scientifiques. »*

Le 6 janvier 2021, je reçois ma première dose de vaccin Pfizer. Pas trop tôt ! Après le fiasco des masques et des tests, je désespérais de voir la France prendre le train de la vaccination. J'avais même appelé le ministre de la Santé pour lui faire part de mon inquiétude. Il m'avait alors expliqué leurs difficultés d'approvisionnement et, dans la foulée, demandé si j'acceptais de me faire vacciner devant les caméras. Voilà comment – si tant est que ça puisse avoir de l'influence – je suis allé dans un centre de la Seine-Saint-Denis faire bonne figure pour l'injection devant les télés.

Dix jours plus tard, beaucoup moins photogénique, je suis transporté d'urgence en salle de réanimation de l'hôpital Foch, à Suresnes, 75 % des poumons rongés par la Covid. Une médecin penchée sur ma personne m'annonce : « Les choses peuvent basculer en un rien de temps. Nous allons peut-être devoir vous intuber. Est-ce que vous acceptez ? » Euh… Comment dire ? Vous avez beau savoir que c'est le *modus vivendi*, que d'autres y sont passés, quand ça vous arrive à vous, vous êtes un peu… sensible. D'autant que j'avais déjà perdu deux bons amis à cause de cette saloperie.

Comment, où l'avais-je chopée ? Je n'en sais rien. Avant la piqûre de toute façon. Le vaccin n'y était pour rien mais mauvais timing. Moi qui avais tellement fait attention tout en continuant à consulter. Par contre, je reconnais que je n'ai pas été attentif aux symptômes qui se sont manifestés peu de temps après. Je toussotais. Comme chaque hiver. J'ai une petite fragilité pulmonaire que je dois sans doute à mon autre incursion sérieuse à l'hôpital, vers la fin des années 1970. J'ai eu ce qu'on appelait alors la « maladie du légionnaire » ou légionellose. 41 °C de température, des délires… Mes proches étaient très inquiets mais moi, je ne me rendais pas compte. Un pneumologue, heureusement, a pensé à cette maladie dont on commençait tout juste à parler et qui s'attrapait *via* les circuits de refroidissement des systèmes de climatisation. Comme il y en a dans nos salles d'opération à l'hôpital. Il a envoyé un prélèvement de mon sang aux États-Unis, ce qui a permis de confirmer son intuition et de me donner le bon antibiotique. Trente-six heures plus tard, ma température avait baissé. Guéri. Fatigué mais guéri.

Et voilà que mes poumons, en ce début 2021, se rappellent à mon bon souvenir. Avec cette question : Intubé ? *Or not* intubé ? L'intubation, ça fait peur. On sait quand on s'endort, pas quand on se réveille. Les pensées s'affolent. Le pire peut advenir. Vertige. La médecin voulait ma réponse. On va attendre un peu, lui dis-je, voir venir... Elle a insisté, toujours aussi affable : « Ça peut aller extrêmement vite, cette nuit même. Ce serait mieux d'avoir votre consentement avant. » Je n'ai pas donné mon consentement. Pétoche. J'ai tenu avec de l'oxygène à haut débit pendant deux jours. Deux jours d'angoisse et de peur de la mort. Qui poussent à passer des coups de fil aux gens qu'on aime, à leur dire les choses essentielles... Deux jours de grande incertitude, placé dans un truc qui ressemble à une capsule spatiale, avec visite régulière de mes petites cosmonautes, les infirmières revêtues comme dans un film de science-fiction, compétentes, efficaces, avenantes, en un mot formidables, mais que vous ne distinguez pas les unes des autres sous cet accoutrement. Pas de lumière du jour – aucune idée si nous étions le matin ou la nuit –, mais une cacophonie de bruits de machines, ces bruits que les professionnels oublient mais qui me semblaient si exotiques. J'avais l'impression d'être en pleine forêt vierge, comme lorsque je descendais l'Amazone depuis le Pérou. Et que le guide nous faisait entendre les cris d'animaux, des grenouilles aux aras en passant par les singes paresseux. Me transposer là-bas me faisait du bien.

Parce que j'étais sacrément désorienté. À double titre. Moi qui suis obsédé par cette grande question existentielle : qu'est-ce que j'ai à faire demain, et qui note sur des petites fiches la liste de mes tâches, je me suis retrouvé dans un curieux rapport au temps. Douze jours sans visite sauf celle d'un de mes fils – l'autre avait une contre-indication médicale –, et de mon ami Jean-Marc Ayoubi, chef de service gynéco à Foch, qui passait chaque jour. Visites brèves mais si importantes, de même que le FaceTime qui me permettait à toute heure du jour et de la nuit de parler à ma femme confinée à la maison… par la Covid. Oui : elle aussi (plus léger mais bien plus long), histoire d'être toujours sur la même longueur d'onde… Trois semaines d'hospitalisation en tout. Belle expérience. Pas mal parfois que les médecins se retrouvent en position de patients. En tout cas, j'ai pu vérifier de l'intérieur combien nous avions un personnel qualifié, dévoué. Et sympathique. Il se trouve que j'avais une fringale de mandarines. Des secrétaires aux médecins, tous se sont échinés pour m'en faire passer…

Assez parlé de moi. La Covid, en me plaçant dans cette parenthèse, m'a surtout laissé le temps de réfléchir à nos retards accumulés. D'accord, on n'a pas été les seuls en Europe, mais est-ce une raison pour devoir supporter ce que j'appelle les quatre piliers de la connerie ? Le premier : la flopée de médecins qui se prennent pour des super-héros. Avec un ego surdimensionné, qui ont un avis sur tout. Du genre à vous assurer qu'une sardine peut boucher le port de Marseille, si vous voyez à qui je pense... Le deuxième : les chaînes d'info en continu qui n'arrêtent pas de chercher le buzz quitte à asséner des approximations – sans remettre les pendules à l'heure ensuite –, histoire de faire de l'audimat. Le troisième : l'industrie pharmaceutique, qui ne joue pas toujours le jeu de la transparence voire de la concurrence, comme on a pu le voir avec les vaccins. Le quatrième : les revues scientifiques. Elles sont de plus en plus nombreuses et publient qui veut l'être. De mon temps, la chose était rare et se méritait. On faisait des pieds et des mains pour y être imprimé et lu par nos pairs ! Aujourd'hui, on reçoit des invitations à la pelle. Course à l'argent, course au buzz, d'où baisse de rigueur. D'où même certains errements du célèbre *Lancet*...

Le pompon, ça a été les quatre mousquetaires, les professeurs Raoult, Montagnier, Péronne et Joyeux... Grande offensive du mandarinat, avec chacun cette conviction : mon intuition est supérieure aux études scientifiques. C'est la perte de ce pour quoi on lutte depuis belle lurette : pratiquer l'expérimentation, comme le préconisait Claude Bernard, essayer de démontrer quelque chose et non balancer intuitions ou prétendues vérités. Pourquoi Raoult, par exemple, alors qu'il en avait les moyens à Marseille, n'a-t-il pas fait une vraie étude randomisée au lieu de nous sortir une poignée de cas censés être guéris par sa chloroquine ? D'un côté, il y a ces hommes qui se répandent dans les médias disant tout et le contraire de tout, de l'autre des comités d'éthique, de déontologie, beaucoup moins tapageurs, qui essaient de corriger ou de pointer des dérives. Combat inégal en ces temps de surmédiatisation. Et ne parlons pas des politiques et consorts (bizarrement élus de la région PACA ou du Sud) qui, sous prétexte d'appuyer telle ou telle position pseudo-médicale, n'ont cherché à servir que leur position personnelle… Tout cela a contribué à créer un climat pénible et déstabilisant pour les Français. Si vous promettez le salut, certains feront n'importe quoi ; si vous leur dites de faire quatre fois le tour de Notre-Dame à genoux ou de monter la tour Eiffel à cloche-pied pour être épargnés par la Covid, eh bien il y en aura pour le faire ! Au lieu de valoriser la médecine qui se veut scientifique, même si ce n'est pas toujours simple, même s'il peut y avoir des erreurs. En clair, ce qui s'est passé dans notre pays est une atteinte à la raison. Et pas qu'en France. L'Europe n'a pas su se montrer unie face à cette maladie. On s'est retrouvés démunis. Sans industrie pour fabriquer les masques, sans entreprise pour fabriquer les tests. Quant aux vaccins, on aurait pu espérer de Sanofi ou de Pasteur, temple de la virologie… Las. Les pandémies, pourtant, ce n'est pas fini. On en a eu avant – Ebola, sida… –, on en aura d'autres. Il est donc urgent de réfléchir à notre système de santé, de préparer une meilleure autonomie française et européenne pour ne plus dépendre des autres, Chinois en première ligne.

Quant à ceux qui ont renâclé – surtout parmi le personnel soignant – pour être vaccinés, je ne comprends pas. La vaccination contre l'hépatite B est bien obligatoire pour travailler dans le secteur médical ! Tout comme celle contre la fièvre jaune pour se rendre dans certains pays. Curieux… Le caractère obligatoire de la vaccination ne me pose aucun problème, il n'est pas à mes yeux une atteinte à la liberté ; au contraire, il augmente ma liberté d'action et n'est d'aucun préjudice. Craindre d'hypothétiques risques dans dix, quinze ans, alors qu'on a la chance de pouvoir contrecarrer un risque réel bien présent ? Après les errements du début, on ne s'en est finalement pas trop mal sorti, puisqu'on a pu lutter contre l'infection tout en conservant un espace de liberté. On ne peut pas en dire forcément autant de tout ce qui nous « trace » (GPS, téléphone, cartes bancaires et compagnie). La liberté des uns, la liberté des autres…

# D

## Disparition : les copains d'abord

*« À aucun âge la mort n'est acceptable. »*

Décidément. À force d'être témoin de disparitions d'êtres chers, je vais finir par avoir mon nom sur une des chaises du funérarium du Père-Lachaise ! Vous me direz, plus le temps passe, plus il est logique de voir partir un certain nombre de compagnons de route ou de vie. Mais qu'est-ce qui est logique ? À aucun âge, la mort n'est acceptable. Elle survient alors qu'il reste tant de choses à faire. Quand, en réanimation, les poumons bouffés par la Covid, j'ai envisagé ma possible fin, je ne pensais pas au passé, mais à l'après. À la souffrance de ceux qui resteraient après moi, mon épouse, mes enfants et petits-enfants, mon frère, les amis de toujours. Je me souviens de cette phrase que ma mère m'a dite juste avant de quitter ce monde, une phrase comme un soupir qu'elle a murmurée en yiddish : « Mon pauvre enfant, tu vas perdre ta maman, ça va être terrible pour toi. » Ce le fut... Peut-on se faire à la mort ? Jusqu'à peu je me pensais immortel. La mort ? Une sinistre blague qui ne me concernait pas. Las, au fur et à mesure des accompagnements de mes amis intimes jusqu'à leur dernière demeure, j'ai commencé à être moins affirmatif et à reconnaître que, oui, cela pourrait également m'arriver. Quoique...

Freddy Zelcer a été le premier à nous faire faux bond. À trente ans. C'était en 1972. Il l'a décidé de lui-même en prenant, allongé dans sa baignoire, une dose de somnifères dans une chambre d'hôtel parisien. Nous avions fait médecine ensemble et partagé tant d'engagements politiques, sociétaux et amicaux. Il était de tous les coups de cœur de notre adolescence. Alors que nous protestions contre la guerre d'Algérie, nous avions échappé de peu à la bousculade mortelle au métro Charonne (Paris, XII^e^ arrondissement), où neuf personnes ont péri étouffées. Freddy, qui se destinait à la pédiatrie, faisait des gardes de nuit pour arrondir ses fins de mois. C'était le tout début de SOS Médecins. À l'époque, dès qu'il y avait un appel, un chauffeur, un jeune étudiant, venait chercher le toubib de garde. Malheureusement ce chauffeur s'est endormi au volant, place d'Alésia, à quatre heures du matin. Accident. Brutal : Freddy a perdu un œil, la mobilité d'un bras et en a gardé une démarche incertaine. Durant deux ans, il a fait d'énormes efforts pour reprendre une activité, épaulé par une jeune femme, son nouvel amour. Malgré tout, il a soudain choisi de mettre un terme à son existence diminuée. Je n'ai rien vu arriver ; on venait même d'envisager de faire un voyage ensemble à l'étranger… Comment ai-je pu être à ce point aveugle ? D'un autre côté, quelqu'un d'aussi dynamique, drôle, super actif pouvait-il accepter son handicap ? Toujours le même dilemme : vieillir, oui, mais handicapé ? Et moi, comment réagirais-je dans la même situation ? Aurais-je la force de me tuer ? Est-ce que je me tournerais vers un suicide assisté comme cela se pratique en Suisse ? Vaste débat, qui revient souvent dans nos conversations, à Jean-Daniel et moi. Nous promettant d'agir l'un pour l'autre… Tout en sachant qu'entre le dire et le faire…

Michel Kompalitch était médecin lui aussi, spécialisé en pneumologie. Il avait créé, avec Jean-Daniel Rainhorn, Le Nouveau Secours rouge, qui voulait apporter une aide concrète aux personnes victimes du développement anarchique de la société. Ce furent, dans les années 1970, la lutte contre la silicose qui se répandait dans les mines du Nord, et la décision du tribunal de Lens, le 12 décembre 1970, de condamner les employeurs qui ne prendraient pas en compte les dégâts de la maladie.

Cofondateur du GIS (Groupe information santé) en mai 1972, il a découvert l'agressivité de l'asbestose, maladie pulmonaire liée à l'amiante. Et nous voilà prêts à renverser la table. Tracts, séances de mobilisation devant les houillères du Nord mais aussi devant les usines, comme celle des peintures Valentine ou de Ferodo, spécialisée dans les freins de voitures, où les ouvriers, souvent immigrés, ne bénéficiaient d'aucune protection. Nous allions, sous la houlette de notre Grand Timonier Michel, informer les travailleurs sur place et interpeller les patrons pour qu'ils prennent des précautions en amont. Une forme de médecine préventive au lieu d'attendre les malades dans son cabinet, et ne plus pouvoir faire quoi que ce soit pour eux. Son militantisme l'a poussé à faire du Petit Livre rouge de Mao Tsé-toung sa bible, document surréaliste auquel certains d'entre nous ont cru, du moins un temps. Une leucémie a foudroyé Michel Kompalitch. Les copains se sont succédé pour donner du sang et assurer la garde jour et nuit. Ce fut pendant la mienne que sa respiration s'est affaiblie et arrêtée. Nous avons ensuite serré les rangs autour de sa femme, alors infirmière, et surtout de son fils, en créant une association pour le soutenir dans ses études.

J'ai fait la connaissance de Tiennot Grumbach, neveu de Mendès-France, à Sidi-Ferruch, en Algérie, où il avait organisé – en 1964 ! – un festival de la jeunesse accueillant les délégations de tous les pays. Une belle rencontre. Assistant à l'université d'Alger, avec Robert Linhart, futur dirigeant du mouvement maoïste en France, Tiennot était d'une humanité envoûtante. Juriste, avocat, syndicaliste, il s'était spécialisé dans le droit du travail pour agir aux côtés des ouvriers. On l'appelait « avocat-marade ». Il était l'un des fondateurs des Jeunesses maoïstes, où il m'a entraîné un temps. C'était un de ces rares espaces où l'on pouvait être de gauche et anti-stalinien… avant que l'on apprenne les aspects sombres de la campagne « Que Cent Fleurs s'épanouissent », puis les désastres de la Révolution culturelle chinoise. Elle nous semblait, à tort, un pas vers la démocratie populaire, avec en particulier la liberté de parole et d'écriture, les fameux dazibaos. Nous avons vite déchanté. Bolchevo-rigolard, initiateur du mouvement « Vive la Révolution », du journal *Tout !* avec Jean-Paul Ribes et Roland Castro, Tiennot est devenu bâtonnier de l'ordre des avocats et spécialiste du droit du travail. Il s'est installé près de Poissy et Mantes-la-Jolie avec femme et enfants dans une maison commune. La dernière fois que je l'ai vu, on lui remettait le grade de commandeur dans l'Ordre national du mérite. Il était déjà invalide, sur une chaise roulante, affaibli par une maladie neurologique dégénérative qui l'a emporté en 2013.

Ces amitiés fortes de notre jeunesse, que j'appellerais amitiés initiales, ont été le creuset de nombreux liens futurs. La plupart ont eu pour origine nos vacances de jeunes étudiants communistes de l'UEC en Sardaigne, en 1963. Monique, si jolie dans les calanques sardes, qui deviendra mon épouse, mais aussi Yves Buin, écrivain, Serge July, journaliste, toujours proches, mais la liste des absents s'est allongée.

J'ai déjà parlé de Freddy, je pourrais ajouter à ce groupe initial Pierre Goldman en septembre 1979, Jean Schalit en octobre 2020 ou encore Henri Weber, qui nous a quittés en avril 2020. Henri Weber était beau, ouvert, intelligent, et nous charmait tous avec son humour distancié. Nos chemins politiques ont pris des voies différentes, mais nous ressentions une fraternité naturelle, étant de mêmes origines, de la même génération, partageant le même idéal. Je me souviens de lui dans le Quartier latin n'hésitant pas à riposter physiquement aux agressions de l'extrême droite ! Ensuite, il a quitté l'UEC où il était responsable du secteur Sorbonne, a milité un temps chez les trotskistes et, du rouge, est passé au rose, pour finir au PS, dont il sera le sénateur de la Seine-Maritime, puis l'un des députés européens. J'ai beaucoup aimé le film que son épouse, Fabienne Servan-Schreiber, lui a consacré et qui a été diffusé sur France 5 un an après sa mort. Détermination, retenue, discrétion.

Un documentaire fait avec amour, qui le montre paternel, aimant, engagé. Qui raconte une vie riche en combats, en émotions, que la Covid est venue éteindre impitoyablement.

Pierre Goldman lui aussi était avec nous en Sardaigne. Étudiant en philosophie, militant de l'UEC, il était responsable du service d'ordre estudiantin à la Sorbonne. La baston ne lui faisait pas peur. Mais de là à imaginer la vie aventureuse qui allait être la sienne… Vie qu'il a racontée depuis sa prison dans *Souvenirs obscurs d'un juif polonais né en France*. Accusé du meurtre de deux pharmaciennes lors d'un casse près de la Bastille, Pierre avait été condamné à quinze ans de prison. Une partie de l'intelligentsia, dont Jean-Paul Sartre et Simone de Beauvoir, avait pris fait et cause pour ce jeune homme ténébreux mais incroyablement intelligent. Il avait été libéré après annulation de sa culpabilité en Cour de cassation mais a flirté ensuite avec des connexions étrangères douteuses, ce qui a fini par nous éloigner. Reste que c'est avec tristesse que j'ai appris en 1979 son assassinat, à trente-cinq ans, en plein XIII$^{e}$ arrondissement de Paris, par un groupe intitulé « Honneur de la Police », qui l'a revendiqué mais dont les membres n'ont jamais été identifiés.

Quinze ans avant son décès, ce n'était pas le même film qui se jouait. Sur les écrans sardes, on pouvait voir *Banditi a Orgosolo*, de Vittorio de Seta, où il est question de vol d'un cochon et du meurtre d'un carabinier… Mais c'était du cinéma. Comme chaque 15 août, Orgosolo, petite commune de Sardaigne, organisait en cet été 1963 la fête du PC italien. Nous nous y sommes rendus en voiture depuis notre camp de vacances. Monique, que je connaissais à peine, nous a dessinés tous les deux en train de chanter sur l'estrade, moi à la guitare, Pierre au micro. Retour euphorique, si euphorique que la voiture où se trouvait Monique, conduite par Jean Schalit, l'organisateur de nos vacances estudiantines italiennes, s'est renversée. Pas trop grave, heureusement, de simples commotions qui m'ont permis de m'occuper d'un peu plus près de cette étudiante peintre qui m'avait tapé dans l'œil. Comme apprenti médecin, bien sûr.

Jean Schalit, fer de lance du journal étudiant *Clarté*, a longtemps été un homme de presse avant de devenir un amoureux des jardins. En Côte d'Armor, autour d'un manoir qu'il a transformé en gîte, il a fait d'un terrain en friche un jardin remarquable, « le Grand Launay ». Chaque année, il y organisait des manifestations culturelles interdisciplines appelées « Lieux mouvants ». C'est lors d'une de ces fêtes que nous nous sommes retrouvés. Après cinquante ans d'interruption, nos conversations ont repris comme si nous nous étions quittés la veille. Jusqu'à ce que tout s'arrête brutalement en octobre 2020 après une dernière entrevue amicale : son cœur a lâché.

Comment oublier aussi Michèle Leibovitch, professeure de dermatologie, décédée en 1996, et Marion Elissalt, pédiatre, qui nous a quittés plus récemment, en janvier 2021, deux femmes resplendissantes ayant marqué notre jeunesse. Toutes deux faisaient partie de ce groupe de médecins engagés qui se retrouvaient parfois le week-end dans la maison de Jean-Daniel en Normandie. Maison familiale dont il bénéficiait en l'absence de sa mère qui vivait aux États-Unis. Lui étant orphelin de père : résistant, considéré par les nazis comme un « espion anglais », il avait été assassiné à la fin de la guerre. L'accueil était généreux, la bande – sa seule famille – s'y sentait bien. Souvenirs de nos cris de joie durant nos parties de volley-ball, de nos tirades passionnées sur la situation politique, des attirances des uns pour les autres à l'ombre des poiriers en fleur. Une pensée aussi pour ces femmes merveilleuses que furent Irène Diamantis, Josée Rotman et Beatrice Koeppel, ma belle-sœur.

Charles Belmont n'était pas de ce groupe. J'ai connu le cinéaste de *L'Écume des jours* (1968) et de tant de sujets de société (*Rak*, en 1972, sur le cancer), quand, avec sa compagne Marielle Issartel, il a décidé de faire un film sur l'avortement, intitulé *Histoires d'A* (1973). Il avait besoin de l'apport de médecins pour traiter de ce sujet brûlant des années 1970. La plupart sont restés camarades. Pour moi, c'était plus encore, c'était un lien affectif, profond, une proximité joyeuse avec un poète de culture juive, un créateur. Aussi, quand il enjamba la balustrade de son appartement du cinquième étage, ce fut un choc incommensurable. Et pourtant. Un suicide, d'accord, mais un suicide devant l'intolérable, l'inexorable : l'installation progressive des troubles de la mémoire et du raisonnement. Un éclair de lucidité sur lui-même et cette décision à l'emporte-pièce. Quelques secondes pour enjamber et se laisser tomber dans le vide. Tristesse de l'absence, même si, dans mon for intérieur, je salue son courage.

Voilà comment, tout au long de ces années, le départ de mes amis m'a obligé à regarder la réalité en face : cette existence tant chérie a une fin irrémédiable. Je ne crois à aucune vie après la mort. C'est peut-être un sacrilège de penser qu'il ne reste rien au-delà mais c'est ainsi. Ma seule certitude, c'est qu'il faut vivre intensément le présent. Je n'ai jamais cru en l'âme et encore moins au paradis. Quant à la notion de Dieu, tellement loufoque quand on voit les gens s'entre-tuer en son nom, quand on constate les injustices qui frappent surtout des innocents, il faut vraiment ne pas vouloir voir la vérité en face pour y croire. Maintenant, si certains veulent espérer pacifiquement un monde meilleur et que cela entraîne fraternité et méditation, pourquoi pas ? Ce qui est sûr, en revanche, c'est que nous véhiculons une culture, une histoire et qu'elles se fissurent au fil du temps. À chaque fois qu'un pilier de notre vie disparaît.

# *E*

## Éthique

*« J'observe une forte tendance*
*à chosifier l'être humain. »*

En 1983, lorsque le président de la République, François Mitterrand, a proposé la création d'un Comité consultatif national d'éthique pour les sciences de la vie à peine quelques mois après la naissance d'Amandine, j'avoue que je me suis bien demandé pourquoi. Les questions alors me semblaient simples : des couples souffrant d'infertilité pouvaient désormais bénéficier de la rencontre de leurs gamètes à l'extérieur de l'organisme, ce qui en soi était certes transgressif car jamais effectué, mais n'induisait pas de problème moral particulier puisque la femme était la mère, et l'homme, le père de l'enfant à naître. Recourir à une fécondation *in vitro* (FIV), c'était ni plus ni moins offrir une nouvelle possibilité aux couples dont la femme n'avait plus de trompe fonctionnelle, à la suite par exemple d'une infection ou d'une grossesse extra-utérine.

Sauf que, avec l'arrivée d'autres possibilités techniques, des questions morales se sont peu à peu invitées au débat. La congélation des embryons (1984), la possibilité de bénéficier d'un don d'ovocyte en 1984 aussi, soit quinze ans après le don de sperme, le diagnostic préimplantatoire sur l'embryon humain (1990), la première vitrification ovocytaire (2005), entre autres. Seul un comité d'éthique nouvellement institutionnalisé pouvait, de fait, donner des pistes de réflexion. Présidé par le professeur Jean Bernard, grand médecin, grand homme que j'ai beaucoup admiré, ce comité était composé de quarante membres. J'y ai siégé quatre ans, de 1986 à 1990, une période passionnante puisqu'on y discutait du statut de l'embryon. Embryon : personne ou chose ? De cette réponse dépendait, et dépend toujours, la possibilité de l'étudier, voire de le modifier. Les grands courants de pensée, religieux comme athées, se sont exprimés les uns après les autres jusqu'à trouver en 1986 un consensus : l'embryon humain doit être considéré comme une personne « potentielle » ou une « potentialité de personne ». Par ailleurs, les travaux de cette assemblée ont mis l'accent sur les notions de respect d'autrui, de moindre mal et de bienfaisance.

Cependant, certains ont vite fait remarquer que les bons principes ne suffisaient pas. L'éthique ne donnant qu'un avis et ne pouvant en rien contraindre, qu'importe qu'on distingue le bien et le mal si cela n'aboutit pas à des actions encadrées. Que vaut ainsi cette idée qu'il faille « éviter toute commercialisation du corps et des produits du corps humain », s'il n'y a pas à la clé un encadrement législatif ?

D'autres s'opposaient au principe même de légiférer, estimant les médecins assez grands pour savoir ce qu'ils pouvaient accepter et proposer.

À la suite du colloque « Génétique, procréation et droit », organisé par le doyen de la faculté Jean Carbonnier en 1985, en présence de trois ministres, ceux de la Justice, de la Recherche et de la Santé, l'idée d'un passage de l'éthique au droit s'est imposé. Bien que le droit ne définisse pas l'éthique, il est certain qu'il définit la loi. Les deux approches, tout en restant autonomes, peuvent se nourrir l'une de l'autre. En clair, les propositions éthiques peuvent être ou non retenues par le politique, comme par l'individu, qui peut décider d'appliquer ou non les avis, puisque ce ne sont que des avis qui lui sont formulés. Le droit, lui, définit un vivre-ensemble avec des règles auxquelles on ne peut déroger.

En 1992, alors que Bernard Kouchner est nommé ministre de la Santé et de l'Action humanitaire, je fais partie de son staff en tant que conseiller.

Bernard projette de lancer une loi de bioéthique. Je me rappelle la première réunion interministérielle à ce sujet où nous avons été sérieusement rabroués par les représentants du Premier ministre d'alors, Pierre Bérégovoy : nous risquions de mettre à mal les alliances plus ou moins claires avec certains partis politiques, dont le Mouvement chrétien-démocrate représenté alors par Christine Boutin. Il convenait d'effacer les sujets qui fâchent… Nous nous sommes battus, Kouchner et moi, et avons réussi à imposer la nécessité d'une véritable loi de bioéthique. Une loi qui n'élude pas les problèmes mais les affronte. J'ai pu participer, sur les bancs du gouvernement, aux deux jours et deux nuits de débat à l'Assemblée nationale lors de la première session parlementaire. Je me souviens avec une certaine émotion de ces séances nocturnes où l'on butait parfois sur le sens des mots et où les conseillers des deux bords politiques se réunissaient durant les suspensions de séance sous l'éclairage d'une lampe blafarde dans la grande salle qui jouxte l'Assemblée afin de trouver un consensus avec l'équipe de Jacques Toubon, député qui pilotait une opposition constructive. Cette première loi, qui sera finalement adoptée le 29 juillet 1994, soit sans notre équipe initiale puisqu'il y a eu un changement politique entre-temps, prévoit le remboursement par la Sécurité sociale de quatre tentatives de FIV – une première au monde –, affirme le principe de non-commercialisation du corps humain et, fait notable, accepte la possibilité d'un diagnostic préimplantatoire en cas de risque génétique. Pour rester dans le domaine de la reproduction – car il y a eu d'autres sujets, en particulier le don d'organes –, de nouvelles lois ont été votées depuis. Celle du 6 août 2004 interdit le clonage de l'embryon et la recherche embryonnaire tout en autorisant le « bébé du double espoir ». Celle du 7 juillet 2011 maintient l'interdiction de la gestation pour autrui (GPA), limite les recherches sur l'embryon et sur les cellules souches, interdit le transfert post mortem mais autorise *in fine* la congélation d'ovules par les nouvelles techniques de vitrification après de longs combats auxquels j'ai eu le plaisir de participer. La quatrième et dernière loi de bioéthique, celle d'août 2021, élargit l'assistance médicale à la procréation (AMP) aux couples de femmes et aux femmes célibataires. Elle autorise les enfants nés d'une PMA avec don de gamètes à accéder à leurs origines biologiques et crée un nouveau mode de filiation pour les enfants issus de couples de femmes qui doivent effectuer une reconnaissance conjointe avant la naissance. Enfin, l'autoconservation des gamètes même en dehors d'un motif médical est retenue. Toujours pas d'autorisation d'analyser l'embryon pour détecter une éventuelle anomalie chromosomique, recherche taxée de dérive eugéniste (voir chapitre XY comme XX, XY), ce qui éviterait pourtant nombre de transferts inutiles et bien des déceptions. Le problème principal de la PMA, il convient de le rappeler, est son taux de réussite relativement faible : 40 à 50 % des couples n'auront pas l'enfant désiré. Selon l'Agence de biomédecine (ABM), en 2016, 297 744 embryons ont été conçus après une PMA *in vitro* et seule une moitié ont été jugés aptes, en fonction de leur aspect morphologique, à être transférés immédiatement ou ultérieurement après congélation. Parmi les embryons transférés, seuls 16,5 % se sont développés et ont abouti à une naissance viable. En clair, on estime que 60 % des embryons obtenus *in vitro* ne possèdent pas le potentiel pour se développer correctement, pourcentage qui peut atteindre 80 % chez les patientes de plus de quarante ans. N'est-ce pas faire violence aux femmes et à leur compagnon que de leur infliger autant de tentatives inutiles et leur donner de faux espoirs de réussite ? Tentatives qu'on pourrait éviter en décelant en amont, qui une aneuploïdie, qui un désordre chromosomique ou des altérations métaboliques. Précision : il s'agit de déterminer le développement de chaque embryon et non le choix de telles ou telles caractéristiques (comme au Canada ou dans certains pays, où le diagnostic du sexe n'est pas autorisé car non médicalement utile). Toutes les données étudiées devront être transmises au couple, même d'éventuelles anomalies comme la trisomie 21, car c'est au couple seul, en dernier ressort, de décider de l'avenir des embryons. Pour toutes ces raisons, vouloir améliorer le taux de succès des FIV et leur meilleure prise en charge me paraît essentiel.

Toujours pas d'autorisation non plus dans la dernière loi de bioéthique de transfert post mortem. Ce qui illustre l'état d'esprit rigide de notre pays. Résultat, une femme, veuve depuis peu, ne peut pas disposer de ses embryons obtenus avec son défunt compagnon pour avoir un enfant… alors qu'elle pourra recourir par ailleurs à un don de sperme, allez comprendre ! Et, bonne chose, l'interdiction de la gestation pour autrui (GPA) est maintenue. Prochain rendez-vous en 2028 théoriquement.

Si on peut se féliciter d'avoir ouvert la PMA à plus de candidates, on doit néanmoins regretter qu'on ait mis la charrue avant les bœufs, car on risque, et c'est déjà le cas, de se retrouver face à une pénurie de donneurs et de donneuses de gamètes. C'est un peu comme si on ouvrait les portes des magasins avec rien dedans. Tout repose – *a fortiori* pour les femmes seules et les homosexuelles – sur le don de sperme, or on en manque cruellement, et cela ne va pas s'arranger quand, à compter de septembre 2022, donneurs et donneuses devront accepter de révéler leur identité. La loi actuelle, telle qu'elle est proposée, nous laisse au milieu du gué faute d'avoir pris les mesures d'accompagnement indispensables et faute d'avoir anticipé l'afflux des demandes qu'elle a tout naturellement suscité. Il y a bien eu quelques jours de campagne nationale, comme chaque fin d'année, pour promouvoir le don, mais c'est loin d'être suffisant. Il faudrait recruter du personnel formé et dédié pour entreprendre des actions d'information un peu partout en France. Tant qu'on n'aura pas mis en place dans chaque centre de traitement de la fertilité une équipe capable de parler du don – sages-femmes, infirmiers, médecins… –, qui dans une entreprise, qui dans une usine, qui dans une université – ce qui n'est pas encore permis –, on ira droit dans le mur. Au profit de quoi ? Des centres étrangers, particulièrement pour le don d'ovocyte, au sperme danois, *via* Internet. De pratiques illégales d'étudiants en médecine ou autres qui vont se faire payer en douce la petite séance de masturbation. Du règne de l'argent si on se retrouve contraint de rétribuer le don de gamètes, ce qui serait regrettable. Je ne vois que ce moyen, informer, afin de réveiller les consciences et susciter des démarches altruistes, qui ne sont pas si simples. Le ministre, à l'automne 2021, a promis huit milliards, soit, mais sans cibler leur utilisation, laissée à la discrétion des directions hospitalières, donc susceptibles de combler certains déficits de l'établissement, or il y en a tellement ! Si ce contact humain n'est pas mis en place, l'échec est assuré. Il faut toucher les gens qui peuvent être sensibles au don par leur histoire, par leur cursus, soit parce que leur couple a eu des difficultés à avoir des enfants, soit parce qu'ils sont généreux. Et bien sûr, commencer par le faire dès les centres de fertilité… Mais là encore, il y a un problème : seuls vingt-neuf centres (Cecos) sont autorisés à donner les gamètes. Insuffisant. Il faut au moins doubler l'offre et, puisque la loi ouvre aussi la possibilité à toutes les femmes d'autoconserver leurs ovocytes, il va falloir ouvrir les vannes, et là aussi doubler les centres agréés. Et pourquoi le privé ne pourrait pas aussi réaliser ces actes dans un cadre régulé ?

Face à ces nouvelles possibilités légales, face à ces innovations, beaucoup craignent de potentielles dérives. Normal. Mais plusieurs barrières existent : la conscience personnelle tout d'abord, le code de déontologie ensuite, les avis du Comité national d'éthique, enfin les lois de bioéthique dont les décrets sont suivis à la lettre par l'Agence de biomédecine, organisme de tutelle de tous les centres de fécondation *in vitro*. Force est de constater que depuis quarante ans, il n'y a pas eu de scandales dans ce domaine, à l'inverse des faits sensationnels dans d'autres pays, que la presse n'a pas manqué de rapporter. Mais je ne suis pas naïf cependant, je m'interroge parfois sur le caractère exemplaire mais isolé du nôtre. J'observe un appétit toujours plus effréné du gain, une commercialisation de plus en plus importante à l'échelle mondiale du corps des femmes, une forte tendance à chosifier l'être humain, de plus en plus considéré comme un matériau à vendre ou un moyen de profit possible. Pour preuve toutes ces fariboles qui lui sont vendues – à tout prix, c'est le cas de le dire – pour pallier sa détresse, de traitement miracle en traitement miracle, tous plus coûteux les uns que les autres, pour obtenir un enfant sur mesure, un enfant prétendu parfait…

L'éthique, c'est bien sûr l'inverse de ces eugénismes mercantiles. C'est une réflexion, c'est prendre en considération les critères moraux d'une société et des humains qui la peuplent. Et ce n'est pas facile. Prenez le diagnostic anténatal (DAN). Je n'ai jamais rien vécu d'aussi éprouvant en tant que médecin. Que conseiller à une femme de quarante-deux ans gravement diabétique qui risque de devenir aveugle si elle mène à bien sa grossesse, mais qui tient à garder à cet enfant parce qu'il est sa dernière chance ? De même, doit-on accorder une interruption médicale de grossesse (IMG) à une femme très dépressive qui se sent incapable de mener à bien sa grossesse alors que cet acte peut au final décupler son mal ? Et alors que, si vous le lui refusez, sa faiblesse psychique risque de retentir sur son enfant ? Et *quid* de cette quadragénaire à qui nous annonçons, après une échographie, que son fœtus a un pourcentage de risques de développer un trouble de l'intelligence parce qu'il a un truc bizarre dans son corps calleux ? Faut-il lui conseiller une IMG alors qu'il ne le développera peut-être jamais ?

Aujourd'hui, on se retrouve face à une masse d'informations que l'on ne sait pas forcément interpréter, face à des quantités de variants génétiques ou d'analyses du génome dont on peut difficilement prédire la signification. On est dans une zone floue, on est dans le doute. Si on ne dit rien de ce doute aux futurs parents, on peut être accusé de ne pas dire la vérité. Si on leur livre ce doute tout à trac – « Voilà, il y a un risque qu'il soit débile » –, c'est, passez-moi l'expression, leur refiler le bébé quitte à ce qu'ils se coltinent des années d'angoisse. Le fil est si ténu. Se débarrasser d'une info en lâchant : « J'ai tout dit, à vous maintenant de vous débrouiller », n'est pas forcément de la bonne médecine. Celle-ci réclame une attitude de responsabilité : parler, oui, surtout s'il y a un traitement possible à l'horizon. Oui, votre enfant a des risques de développer telle ou telle maladie mais la science avance, nous pouvons proposer tel soin, telle médicamentation, telle intervention… À noter que le Comité national d'éthique ne donne qu'un avis et que les parents, bien sûr, sont les seuls maîtres. S'il y a des cas où le comité refuse l'IMG, il y a aussi ceux où il l'autorise… et où les parents ne suivent pas. En 2016, par exemple, sur cinq mille demandes, cinq cents IMG accordées par les médecins n'ont pas été effectuées par les parents.

Outre les souffrances éthiques, il y a celles aussi qui sont d'origine religieuse. À Clamart, face aux inquiétudes que nous voyions poindre de toutes parts, nous avions décidé, le docteur Paul Atlan et moi, de créer une sorte de consultation éthique pour pouvoir répondre aux patients heurtés dans leur foi, dans leurs convictions. « Docteur, c'est en contradiction avec ce que je pense », entendait-on souvent. Nous avons réuni des religieux de toutes confessions ou des référents laïques capables de se mettre à l'écoute de patients afin de les aider à cheminer pour affronter une situation critique. Un interlocuteur de confiance qui pouvait les guider dans le sens du moindre mal.

Aujourd'hui, la société étant moins religieuse, il s'agit plus de questions sociétales, ou d'ordre psychologique. Est-ce que je dois vraiment être maman à plus de quarante-cinq ans ? Suis-je à même d'élever les enfants à cet âge-là ? *Quid* du complexe d'Œdipe de mon futur enfant si je l'élève seule ? Est-ce que je peux garder mon sperme pour devenir papa alors que vais changer de genre ?

Un peu partout en France se développent des structures d'enseignement éthique. Je pense au travail du professeur Emmanuel Hirsch, qui dirige un espace de réflexion pour la région Île-de-France, à Pierre Le Coz en région Rhône-Alpes, ou encore à

Véronique Fournier et au centre d'éthique clinique de Cochin...

Morale, questions sociétales, limites éthiques, impact psychologique... Les maternités d'aujourd'hui tutoient des sujets sensibles. La médecine en général, parce qu'elle traite de la vie de la mort, est souvent confrontée à des questions bien plus profondes que celles du seul physique. On sait l'importance de l'aspect psychologique, du jeu des émotions dans toute guérison. D'où l'idée que nous avons eue il y a plus de vingt ans avec Muriel Flis-Trèves, psychiatre, psychanalyste, de lancer un colloque annuel, Gypsy[1] (« gy » pour gynécologie, « psy » pour psychologie), afin de débattre des thématiques médicales mais aussi psychologiques. Ce colloque a constamment évolué. Après les premières années où les orateurs étaient surtout des gynécologues et des psys de tous acabits – du psychiatre au psychologue –, nous avons élargi le champ des experts, des intervenants. Artistes, écrivains, philosophes, sociologues, architectes, avocats, créateurs s'emparent du thème annuel et c'est à chaque fois deux jours d'échanges stimulants qui enchantent un millier d'auditeurs à la faculté de médecine dans le Quartier latin. Cette volonté d'offrir la parole à toutes sortes d'experts, de toutes catégories, permet

1. www.gypsy-colloque.com

à chacun de réfléchir autrement et enrichit considérablement les réflexions. Toutes les interventions des orateurs sont réunies dans un livre annuel. Quelques thèmes : L'annonce en médecine (2000), Mourir avant de n'être (2001), Le bébé dans tous ses états (2002), Familles bousculées, inventées, magnifiées (2008), L'intranquillité, déni ou réalité (2016), Confiance, défiance, trahison (2019), Transgression, scandale ou nécessité (2020), Quand la vie bascule… suites et incidences (2021). La vie sous tous ses aspects. Passionnant, vous dis-je.

# F

## Froid

*« Une virée professionnelle*
*mais rocambolesque en Arménie. »*

Le froid dans la salle d'opération était tel que, lorsque j'ai incisé l'abdomen de la patiente, un nuage de buée a surgi de son corps ! Dieu sait si j'ai connu toutes sortes de situations médicales un peu partout dans le monde mais de la buée sortant d'un patient endormi, jamais. Étonnante Arménie. J'ai accepté de me rendre dans ce pays qui m'était alors inconnu pour y faire une démonstration de chirurgie gynécologique à l'invitation d'un de mes élèves, Eduard Hambartsoumian. En plein mois de décembre 1993. De là à affronter une telle situation glacée… Dès le voyage, avec l'escale à Moscou pour changer d'aéroport, ma virée professionnelle s'est révélée rocambolesque. Eduard, qui a dû avoir peur que je me perde, ou que je perde patience, avait chargé une hôtesse de l'air arménienne, charmante, genre beauté à la James Bond girl, de me cornaquer. L'avion pour Erevan avait, il est vrai, la bagatelle de vingt-quatre heures de retard. Quand, enfin, les portes de l'appareil s'ouvrent, pas besoin d'être un as en arithmétique pour comprendre, vu le nombre de personnes qui aspirent à y grimper, qu'il va y avoir un sérieux problème de places. C'est là que ma guide va m'être utile : elle réussit à me faire monter en premier dans la carlingue et me propose le fauteuil habituellement réservé au président d'Arménie. Oui. Mais remballez vos rêves de *first class*. Le président arménien ne doit pas être douillet de l'arrière-train : le siège n'a plus de coussin, mon séant doit voyager sur l'armature en fer. Bon, l'essentiel est d'être assis. Les pilotes montent à leur tour… chargés de bidons d'essence ! Étonnement bien sûr. Puis les passagers arrivent les uns après les autres, encombrés d'énormes sacs. Déjà que les Arméniens sont plutôt d'un physique imposant… Tous les sièges sont occupés mais le défilé continue. Les gens s'assoient de toutes parts, dans l'allée centrale, contre ou sur les sacs. Les normes de sécurité se sont visiblement fait la malle. L'idée de sortir de ce guêpier m'effleure alors mais le moyen d'enjamber une telle foule ? De loin, j'aperçois le sourire de mon hôtesse qui, d'un petit signe de la main, me conseille de garder mon calme, et semble me dire : tout va bien aller. Soit. La tension monte d'un cran quand il s'agit de s'attacher. Avec quelle sangle ? Aux abonnés absents ! Le moteur vrombit. *Alea jacta est.* Trois heures de vol plus tard, à deux heures du matin, l'avion atterrit à Erevan. Il neige. À peine les pieds sur le tarmac tout blanc, nous sommes bloqués par la police sans qu'on nous donne la moindre explication. Premier contact avec un froid quasi sibérien. D'autant plus vif que, tel Job, je prête mon manteau le temps de cette attente à une jeune femme portant un enfant qui me semble aussi démunie que transie. Nous restons ainsi, les pieds dans la neige, près de trente minutes entourés de soldats en armes, jusqu'à ce qu'on aperçoive le président arménien débarquer d'un autre avion, arrivé d'on ne sait où, et pénétrer en toute sécurité dans l'aéroport. L'histoire ne dit pas s'il a voyagé sur de la ferraille ou sur un coussin. Derrière les grandes vitres de l'accueil, j'aperçois Eduard. Embrassades, joie de se revoir. Je monte dans sa voiture qui se fraie un passage dans la neige quand, au bout de quelques kilomètres, le moteur s'arrête en douceur. Tout est ouaté. Dehors comme dedans. Eduard, en bon Arménien rompu au système D, me dit de ne pas m'inquiéter, il va simplement remettre de l'essence : il a un jerrican dans le coffre. Et de m'expliquer : le manque de carburant est tel en Arménie qu'on le verse à dose homéopathique par crainte de se le faire siffler dans son réservoir. Je comprends soudain mieux les bidons d'essence des pilotes. Il fait encore nuit quand on arrive dans le grand hôtel d'Erevan, construction imposante à la soviétique. En marbre, donc pas chaud-chaud déjà, mais là, particulièrement froid : c'est qu'il n'y a pas non plus de fuel pour chauffer les chambres. Je dors avec mon manteau, que je ne quitte qu'au bloc opératoire le lendemain. Las, le groupe électrogène de l'hôpital ne fonctionne que par intermittence. Non seulement nos corps sont engourdis, nous plongeant dans une ambiance polaire, mais à chaque panne d'électricité, nous nous retrouvons dans une nuit d'encre. Imaginez : les infirmières debout autour de la patiente anesthésiée, portant de grandes bougies pour éclairer le champ opératoire. Quatre infirmières, les cheveux, comme le veut leur tradition, coiffés d'un calot très haut, type toque de cuisinier. Une scène quasi religieuse qu'on dirait peinte par Rembrandt. Une fois l'intervention terminée – je précise que la patiente a survécu –, réunion ministérielle, cours aux étudiants dans un amphithéâtre, lui aussi gelé.

Le soir, pour tenter de se réchauffer, Eduard m'emmène avec quelques collaboratrices dans un restaurant où l'on peut danser. Quelle n'est pas ma surprise de voir la jeunesse se dandiner en jetant par-dessus tête des billets de banque ! Des quantités de papier-monnaie arménien virevoltent avant d'être piétinées ! Nouvelle explication de mon cicérone : la situation économique est telle que l'argent, dévalué, ne vaut plus rien. Place à la vodka et aux chansons d'Aznavour pour oublier et réconforter les cœurs.

Je suis retourné plusieurs fois en Arménie. La situation a bien changé. Je suis même allé dans le lointain Haut-Karabakh, territoire mythique récemment perdu au profit des Azéris. Allez savoir pourquoi, j'évite les périodes hivernales. Échaudé (si l'on peut dire), bien sûr. Mais les Arméniens sont tellement chaleureux qu'à toute époque de l'année, c'est un plaisir de les revoir. J'ai contribué avec des médecins et des biologistes locaux à promouvoir un centre de fécondation *in vitro*. Il est financé par une aide de l'État afin que les populations les plus démunies puissent y avoir accès. Souhait d'Eduard, qui a tenu à appliquer dans son pays les principes d'égalité qu'il avait appréciés durant son séjour en France. Je garde bien sûr l'image du mont Ararat, qui se trouve en Turquie mais qui se voit bien depuis l'Arménie, véritable montagne sacrée dont le sommet, à plus de cinq mille mètres, est recouvert de neige éternelle. Si, comme le pensent les Arméniens, les vestiges de l'Arche de Noé y sont toujours cachés, je me dis que le vieux Noé a dû être surpris lui aussi par le froid. Avant que le printemps arrive et que les oiseaux lui amènent la preuve d'un bourgeonnement terrestre.

# G

## GPA

*« Une aliénation d'autrui,*
*une prostitution, un esclavage. »*

Qu'en termes choisis, ces choses-là sont dites… Les mots, on le sait depuis Freud et Lacan, ne sont jamais innocents. Dans les années 1980, on commence à parler de « mères porteuses ». Au moins, ça a le mérite de la clarté : y sont indiqués le but poursuivi (faire porter par une autre femme l'enfant qu'on ne peut – ou veut – concevoir soi-même) et le moyen (les femmes) pour obtenir ce but : rien d'autre que du portage, donc. Dans les années 1990, apparaît l'expression « grossesse pour autrui ». D'une location, on passe au don. Ou l'art d'enrober d'affect la gestation afin de la rendre plus présentable. Encore un effort, et on va nous parler d'amour, de générosité. De fait, la GPA dernier cri devient… une gestation pour autrui

« éthique ». Kézaco ? Volontaire ? Sans rétribution financière ? Par pur sentiment altruiste ? Comme, visiblement, ça ne motive pas les foules, on avance des arguments de fond : le « droit » à la parentalité et la liberté individuelle, comprenez le libre droit de disposer de son corps. *Bullshit.* En quoi avoir un enfant est-il un droit ? Il n'est inscrit dans aucune Constitution du monde. Avoir un enfant est de l'ordre du désir, c'est une possibilité, une volonté. L'enfant n'a pas statut de « propriété » de ses parents. Entre parenthèses, signalons que dans la gestation pour autrui, on revendique le droit à avoir un enfant *génétiquement* de soi, en clair on survalorise le patrimoine génétique, comme si celui-ci définissait à lui seul l'individu, comme si la parenté sociale comptait pour des prunes. Au contraire de l'adoption. Cette façon de voir enferme la personne, le couple sur lui-même en se fondant sur l'importance du pedigree, de la lignée, plutôt que sur la mixité, l'ouverture. L'adoption plénière d'un enfant *via* une organisation agréée ne se fait pas par accord préalable entre deux personnes ou deux couples. Il n'y a pas, de la part de la mère d'origine, une volonté de concevoir un enfant dans *la seule finalité* de l'abandonner. C'est quand elle se découvre enceinte, ou à la naissance de l'enfant, voire après, qu'elle prend cette décision. Et cela est fondamental pour la mère, pour l'enfant, pour les parents adoptifs, pour notre société : *il n'y a pas d'intentionnalité de concevoir cet enfant pour l'abandonner.* La GPA, par contre, c'est un abandon organisé, programmé, monnayé. Pire, dans la mesure où la médecine intervient, c'est un abandon sur ordonnance ! Comment des médecins, qui ne cessent de montrer, de constater l'importance du lien mère-enfant et les effets nocifs de la séparation, peuvent-ils accepter d'être les complices de cet abandon ? Faut-il qu'ils fassent soudain l'impasse sur le peau-à-peau, les unités kangourous, l'hospitalisation conjointe mère-nourrisson, tout ce qu'on ne cesse de mettre en place dans nos maternités pour restaurer, maintenir, renforcer le lien mère-enfant ?

De plus, il faudra m'expliquer quelle peut bien être cette « liberté » de la femme qui porte un enfant pour un autre – parfois, qui plus est, avec ses propres ovules – quand il s'agit d'une demande d'un couple masculin ? Femme liée par un contrat, devant suivre un mode de vie précis (alimentaire, sexuel...), *via* une intervention médicale codifiée, et devant disparaître une fois la tâche accomplie... Car c'est là que l'aspect « éthique » prôné par certains bute sur la triste réalité : le rejet. Quand bien même la femme GPA de Thaïlande, d'Ukraine, voudrait garder une place privilégiée dans la nouvelle triade familiale, faudrait-il déjà qu'elle parle leur langue, que leur niveau culturel soit le même, qu'elle ne soit pas physiquement à l'autre bout du monde, qu'elle échange régulièrement avec le couple... Soit, imaginons que ce soit le cas, mais ne deviendra-t-elle pas rapidement le témoin indésirable d'une stérilité que l'on cherche à oublier, à masquer ? Et si elle exigeait des droits et autres prérogatives ? Ne pas rêver, nous ne sommes pas dans *Alice au pays des merveilles* : les parents d'intention préféreront cent fois que leur porteuse retourne dans l'ombre, à sa vie, et le plus loin possible.

Je l'affirme haut et fort : disposer du corps d'une femme durant douze mois en moyenne (le temps de la FIV, plus le temps de la grossesse et du rétablissement) comme d'une machine à procréer n'est rien de moins qu'une aliénation d'autrui, qu'une prostitution, que de l'esclavage. C'est prendre une femme à la fois comme « outil et marchandise », selon les mots de Sylviane Agacinski. Et le tout contre rémunération. Faut-il rappeler que dans une « civilisation », on n'achète pas les personnes ? Le corps n'est vendable en France ni en totalité ni en partie. Ce n'est pas sans raison que le don d'organes, de sperme, de sang, etc., y est gratuit. Dans le travail on rémunère quelqu'un pour ce qu'il exécute, produit. À tout moment, il peut s'arrêter, donner sa démission. Il ne vend pas ce qu'il est, son existence corporelle, ses émotions. Question de dignité. Quand on estime que la mère porteuse a un prix, que l'enfant, objet final du contrat, en a un aussi, la dignité de l'un comme de l'autre est bafouée. Inutile de se voiler la face : dans les pays qui autorisent la GPA, la majorité des femmes « porteuses » sont dans des situations sociales précaires, voire misérables. J'ai vu de mes yeux, en Inde, les conséquences d'une absence de réglementation. Agences privées à l'affût des profits, marché de la misère, pauvres filles prêtes à tout pour survivre, à qui ne revient qu'une petite fraction de la somme demandée. Contraintes de porter les embryons issus d'un ou deux gamètes des parents commanditaires, elles sont réduites à leur utérus. Et s'il n'y avait que l'Inde… L'Ukraine – les filles très jeunes et nullipares y sont acceptées pour porter une grossesse pour autrui ! –, la Californie, où l'on choisit sur catalogue, le Vietnam, le Laos, où les plus miséreuses sont aux mains des mafias locales qui tiennent les cliniques, les avocats[1]…

Psychologiquement, comment ignorer que la grossesse est un temps particulier dans la vie d'une femme ? Sentir son enfant bouger, grandir, pousser. Le mettre au monde, le prendre dans ses bras… cela ne peut laisser indifférent. Or on demande à la « porteuse » de faire abstraction de sa grossesse, de n'attacher aucune importance à l'enfant, de se nier soi-même. Pareil « clivage » que celui vécu par les prostituées obligées de devenir étrangères à

1. Voir la série de Jane Campion, *Top of the Lake*, diffusée par la BBC en 2013.

elles-mêmes. Pour éviter l'attachement et la souffrance qui en résulteraient inévitablement – même si l'on peut oublier plus facilement un homme de passage qu'un accouchement... On se souvient tous de l'affaire Courjault, ces bébés congelés par leur mère en plein déni de grossesse. Opinion publique ulcérée. Femme condamnée par la justice. Son déni de grossesse expliqué par les psychiatres. Or voilà que la société et ses législateurs envisageraient d'autoriser des médecins à favoriser une autre forme de déni de grossesse programmé ? Les affects refoulés, pour raisons bassement économiques, ressurgiront un jour inévitablement. Et cela fera mal. À tous. À l'enfant. À la mère de substitution. Aux enfants de celle-ci et à son compagnon (quelle considération pourront-ils porter à une femme qui accepte un tel voiturage ou covoiturage intra-utérin ?). On a beau user de termes choisis, faire dans le *storytelling* sucré, nous servir à la une des magazines les sentiments mielleux de *people* posant avec leur progéniture dûment achetée. On a beau auréoler d'éléments de langage pseudo-moderne – parents d'intention, si respectueux, n'est-ce pas, de la mère porteuse avec laquelle ils ont des « liens quasi familiaux » –, inutile de biaiser : il s'agit d'une grave violence faite aux femmes. Étonnant comme on voit peu d'enquêtes sur les « porteuses » et tant d'autres sur les bénéficiaires, surtout quand il s'agit de *people*. Comme si seuls les propriétaires d'esclaves pouvaient disserter sur l'esclavage. Je m'étonne que les féministes, qui ont lutté pour la légalisation de l'avortement et pour la liberté de leur corps, ne s'expriment pas plus sur le sujet. Ici aussi, il faut croire qu'il y a des chapelles !

Quant aux enfants, il faut être exempt de toute psychologie pour ignorer qu'un bébé, porté pendant neuf mois par une femme dans le but de l'abandonner, peut souffrir du grave désinvestissement psychologique de celle-ci. Et que dire du choc de la séparation dès les premières minutes de sa naissance, coupure radicale qui ne sera pas sans séquelles. « Soutenir qu'un enfant peut être séparé de sa mère sans dommage, écrivent les psychanalystes Myriam Szejer et Jean-Pierre Winter, c'est l'assimiler à un "étron", lui donner le statut d'objet[2]. »

D'aucuns argueront que nombre de pays s'adonnent déjà à la GPA, que le tourisme procréatif ne s'arrête pas à notre frontière… À noter qu'Israël vient d'autoriser la GPA pour un homme seul ou un couple d'hommes. Comment ne pas y voir la piètre place de la femme dans la tradition hébraïque, incontestablement au service de l'homme ? Et cette fois, asservissant plusieurs femmes : une donneuse, une porteuse… Juste avant les nounous ? Est-ce parce que la prostitution

2. *Abandon sur ordonnance*, Paris, Bayard, 2010.

enfantine est tolérée dans certains pays qu'il nous faut l'autoriser à notre tour ? À mon avis, il ne peut exister d'exception à ce principe fondamental : la non-commercialisation du corps. L'éradiquer est à souhaiter au niveau mondial. Par principe et sans concession. Ce serait un progrès aussi important que l'abolition de la peine de mort. On peut mettre tout le sucre qu'on veut pour dire les choses, cela ne changera rien à ce qui est une forme d'esclavage. L'autoriser est une régression, ce serait nier la valeur du progrès, cet humanisme qui veut qu'on protège avant tout les plus faibles.

# H

## Hôpital

*« On a oublié le patient, l'humain. »*

Pourquoi un si grand nombre de téléspectateurs passionnés par *Urgences* ou *Hippocrate* ? Tout bonnement parce que la vie à l'hôpital est passionnante ! L'hôpital, ce sont des moments forts, exaltants, ponctués par d'autres, bien sûr, plus compliqués et douloureux. C'est une foisonnante société humaine avec ses soleils, ses nuits, mais cette société a quelque chose en plus : elle vous offre une relation de vérité. Face à la maladie, face à l'inquiétude, les masques tombent, les filtres s'évanouissent, les barrières sociales s'effacent. Qu'ils soient P-DG, balayeur, duc, migrant, garagiste, artiste ou député, l'homme ou la femme y apparaissent dans toute leur nudité. Peu d'endroits permettent cette confrontation avec l'intime et ces nuances de sentiments de l'euphorie au drame. Comme dans un grand roman. L'hôpital, ce sont les Rougon-Macquart de Zola mais en vrai, des tranches de vie, des passés, des éducations, des convictions, des physiques différents. Fascinant quand on y est attentif. Pour ma part, je ne me souviens pas d'un jour où j'aie renâclé à m'y rendre. On peut me rétorquer que je suis professeur, que quand j'arrive auprès d'une malade, elle a été écoutée par un externe, un interne, un chef de clinique, que je ne me coltine pas sa réalité sociale, sa détresse psychologique… Vrai et faux. Vrai qu'en poussant plus de soixante-dix portes lors de la visite hebdomadaire des accouchées, je ne peux m'éterniser au chevet de chaque patiente. Faux, déjà parce que j'adore connaître l'histoire de chacune, découvrir leur personnalité, ensuite parce que cette image du patron qui jette un œil condescendant au « cas » allongé devant lui, entouré d'une cour de collaborateurs au taquet, est bel et bien révolue. Les choses ont évolué. Heureusement. J'ai connu ces visites de chefs de service tout-puissants, le corps ceint d'un énorme tablier blanc (pas loin de celui des bouchers), parfois distants, parfois « mandarins aux pieds nus », titre du best-seller de 1977 du professeur Minkowski. On suivait le patron de lit en lit, où les patients, hommes ou femmes, étaient parfois à poil, livrés au regard indifférent du chef et de sa quinzaine d'internes, et n'avaient rien à dire. À partir des années 1980, on a veillé à la pudeur des malades, introduit des paravents, etc., mais surtout on a instauré des consultations pluridisciplinaires. Le fait de se parler régulièrement entre médecins, psychologues, infirmiers, sages-femmes, en abordant chaque patient sous tous ses aspects, physiques comme psychologiques ou sociaux, a été un progrès. Même s'il reste encore à souhaiter des améliorations. Par exemple, j'apprends à mes étudiants à ne pas commencer – c'est encore fréquent hélas – par : « Là, on a un kyste de l'ovaire... » Non, non. On reprend : madame, qui s'appelle..., qui a tel âge, telle profession, telle situation familiale, tels antécédents médicaux, prend tels médicaments, etc. Avant d'arriver à la raison de sa présence dans notre service, son kyste ovarien. Tout un apprentissage.

Pour ma part, je n'ai pas l'impression d'avoir changé ma relation au patient depuis que j'ai été nommé professeur. Ce qui a vraiment changé, c'est autre chose : le rapport au temps. Être professeur et chef de service, c'est cumuler plusieurs casquettes, et ces casquettes sont de plus en plus larges. La casquette du soin, déjà. En près de cinq décennies, j'ai eu la chance de connaître tant de révolutions médicales. Après la contraception, l'avortement, il a fallu se former à l'amniocentèse, la cœlioscopie, la fécondation *in vitro*... Cela veut dire apprendre, lire, surmonter difficultés et erreurs, maîtriser, transmettre. Dans ma spécialité, le champ est si vaste : de l'évolution de la contraception à la prise en charge des nouveau-nés, de l'accouchement prématuré à la stérilité, des cancers du sein ou du col utérin aux transplantations d'utérus, comme ce fut le cas en 2019 dans le service du professeur Ayoubi (voir le chapitre « U comme Utérus »)… Déjà pour être un bon médecin, il faut lire, compulser les revues médicales, suivre des séminaires, réfléchir… Il faut aussi apprendre à annoncer le diagnostic, ce qui n'est pas évident quand il est lourd. De mon temps, il n'y avait aucune formation en ce sens. Aujourd'hui plusieurs facultés, de Nancy à Montpellier, forment étudiants, médecins, infirmiers, sages-femmes à coups de jeux de rôle, avec des comédiens, ou par le biais de projections de films. On y voit un couple à qui il faut annoncer la mort du fils dans un accident de moto. Comment le dire ? Mais aussi comment suggérer un prélèvement de ses organes ? Chacun propose, commente, donne son sentiment. Ça n'a l'air de rien, mais ces soignants seront moins pris au dépourvu ensuite.

Souvent on me dit : « Professeur, combien avez-vous accouché de femmes ? » Je réponds que si je ne le sais pas précisément, je sais en revanche que j'ai examiné et pris position sur soixante-dix mille dossiers d'accouchement. Je ne parle pas des staffs de chirurgie ou de FIV, soit mille cinq cents dossiers pour chacun en plus par an, mais uniquement d'obstétrique. Vu qu'on faisait en moyenne deux mille cinq cents accouchements par an à Clamart et que, chaque matin à huit heures, on discutait des dix ou douze enfantements des dernières vingt-quatre heures, faites le calcul. Sans oublier les fausses couches, les urgences, etc. Intense ? Oui.

Ce n'est pas tout. Car en plus de la casquette soin, il y a celle de l'enseignement. Déjà celui qui se pratique tous les jours à l'hôpital. Savoir se comporter avec le patient ; savoir intervenir, soigner, opérer. En chirurgie, il y a une forme de « compagnonnage » – au sens des Compagnons du devoir –, on montre, on transmet le geste. Et puis il y a l'enseignement théorique. Moi, je ne donnais que cinq heures de cours par an. Ce qui, disons-le, est peu. Pourquoi ? Parce que souvent ce sont ceux qui ne sont pas universitaires qui enseignent et ceux qui sont universitaires qui font autre chose... Justement parce qu'on ne peut pas tout faire. Parce qu'en plus du soin et de l'enseignement, il y a cette troisième casquette : la recherche. Qui, elle aussi, exige des heures et des heures. D'accord, on veut bien travailler plusieurs soirs par semaine chez soi, voire la nuit, mais bon !

Je dois avoir signé cinq cents publications internationales. Je ne les ai pas élaborées seul mais avec une équipe, ce qui signifie stimuler des hommes et des femmes, les intéresser, coordonner. D'où cette quatrième casquette : le management. Une fois que vous devenez chef de service, voire chef de pôle, voire chef de département médico-universitaire (DMU), vous reste encore à siéger à la Commission médicale d'établissement (CME), à être élu au Conseil de faculté, sans oublier la responsabilité d'une unité de recherche... Ce qui veut dire des réunions à chaque niveau, des bilans financiers, de la gestion de personnel. Un professeur se doit aussi d'être un bon DRH. L'hôpital, c'est avant tout un travail d'équipe. Truisme ? Non, réalité quotidienne. Un grand service, c'est à peu près trois cents personnes, dont certaines à tiers-temps, d'autres de passage. Si l'on ne parvient pas à établir une cohésion entre tous, si l'on défend une ligne mais qu'une personne, une seule, se met en travers, tout déraille. Vous pouvez faire le plus galvanisant des laïus sur la nécessité et les joies de l'allaitement, il suffit qu'une infirmière manque de tact avec une jeune mère et lui refile son bébé la nuit au motif qu'elle a autre chose à faire pour que la beauté de cette intimité mère-nourrisson vole en éclats, ressemblant à une contrainte. Donc ça veut dire : concertation des uns et des autres en amont, avec la volonté de faire participer chacun à la connaissance, les anciens et les nouveaux venus, car c'est un perpétuel renouvellement. Et cela, quel que soit leur statut. J'ai toujours essayé de valoriser tout le monde, y compris les femmes ou les hommes de ménage, parce qu'ils sont – on le mesure d'autant plus avec la Covid-19 – essentiels à l'hôpital où l'hygiène est primordiale. De même j'ai une grande tendresse pour le personnel de nuit. J'ai bien sûr fait énormément de gardes sur place mais, si l'équipe en avait besoin, je pouvais être appelé à trois heures du matin pour un accouchement difficile, revenir pour un autre à cinq heures, enchaîner avec une intervention chirurgicale… c'est exaltant. La nuit, il y a une ambiance particulière, plus silencieuse, plus intime. La France profonde œuvre, travailleuse et dévouée. Chacun fait ce qu'il a à faire et, après, on prend un petit café ensemble. Le bonheur.

Les relations entre blouses blanches ne sont pas toujours aussi cordiales. Il y a des rencontres formidables, je pense à ces infirmières, ces assistants, rouages indispensables, avec lesquels j'ai partagé tant de petits et de grands événements, ne serait-ce que ces longs moments d'attente propres à l'obstétrique – un bébé peut prendre son temps pour venir au monde… Il y en a des plus complexes. Surtout au niveau de la chefferie. Les « têtes » se confrontent, avec d'inévitables crocs-en-jambe. Surtout dans notre système hospitalier qui manque singulièrement de souplesse, de mobilité. En France, à l'inverse des États-Unis par exemple, où les médecins changent fréquemment d'établissements, notre système est si figé qu'il accroît les crispations. Il doit être réformé.

La santé, en France, ressemble à un système de poupées russes. Il comprend la médecine de ville, la médecine hospitalière, un système remboursé (le secteur 1), un système qui ne l'est pas totalement (le secteur 2), donc plusieurs modes de financement. Je me contenterai de parler de la médecine que je connais le mieux, l'hospitalière, dont j'ai été un des piliers pendant quelques décennies, voire, diront certains, un mandarin. Mais en préambule, j'insiste : il ne s'agit que d'une partie visible de l'iceberg. Proposer une nouvelle réforme hospitalière sans toucher au reste est une erreur fatale. Le séjour hospitalier aujourd'hui est bien plus court, c'est donc tout ce qui a lieu en amont, avec la prévention, et en aval, avec le suivi des généralistes, pharmaciens, kinés, sages-femmes, psychologues, etc., qui est concerné. Il convient de traiter la santé de façon globale, ce qui n'a jamais été fait.

La situation hospitalière est si enkystée aujourd'hui que ce qui était un Graal pour ma génération, le professorat, attire moins les jeunes. En plus des casquettes dont je vous parlais – le soin, l'enseignement, la recherche, le management –, sous lesquelles ils n'ont pas forcément envie de ployer, ils ne trouvent plus ce relationnel de proximité qui faisait l'attrait de l'hôpital. Prenez Clamart : au départ, c'était un petit hôpital de cinq cents lits, on pouvait s'entretenir avec la direction comme on voulait, on était écoutés. Aujourd'hui, l'activité de Clamart est telle que le directeur consulté va automatiquement devoir en référer au directeur du groupe hospitalier, lequel, loin de tout, doit gérer trois établissements en même temps…

Le malaise hospitalier, dont on débat à longueur de colonne dans les journaux, ne date pas de la Covid. L'hôpital est devenu un mastodonte, divisé en tant de strates qu'il ressemble à un mille-feuille indigeste. Le service en tant que tel, par exemple, a été temporairement supprimé, ce qui est une connerie monumentale. Dans le mien, déjà, il y avait plusieurs « unités » – l'unité de PMA, l'unité d'obstétrique, l'unité anténatale, l'unité IVG, l'unité de chirurgie où, par exemple, on traite le cancer du sein, de l'utérus. Impossible de demander à quelqu'un de la PMA d'aller opérer un cancer de l'ovaire… Mais la notion de « service » unifiait tout ce petit monde qui se sentait dans le même bateau. Les patientes savaient qu'à chaque étape de leur vie, quel que soit leur besoin – IVG, problèmes de fertilité, grossesse… –, elles avaient affaire à la même équipe. Les services d'antan sont désormais chapeautés par un pôle ou un département. Les pôles sont reliés à ceux d'autres hôpitaux pour créer les DMU et, depuis peu, les GHUT (groupes hospitalo-universitaires de territoire). On en compte actuellement cent trente-six qui regroupent huit cent quatre-vingt-dix-huit établissements. Bicêtre, par exemple, est relié à Clamart. Une poignée de kilomètres, des autoroutes entre les deux, bref, personne n'a envie d'aller de l'un à l'autre. Ça ne rime à rien.

Beaucoup trop de structures, beaucoup d'opacité. Et la réforme « Un seul patron à l'hôpital », voulue par Nicolas Sarkozy, n'a rien arrangé. Pour le politique, bien sûr, ce seul patron, c'est l'administratif, pas le médical. Sans doute dans la volonté de faire des économies. Économies, pourquoi pas. Je trouve normal qu'il n'y ait pas de dépenses inconsidérées et qu'un chef de service veille au grain. Mais, en voulant faire de l'hôpital une entreprise rentable, on a augmenté de façon vertigineuse le nombre d'administratifs, acculé le médecin à un rôle de comptable, on en a oublié le patient, l'humain. C'est pourtant lui qui doit rester au centre du dispositif, c'est à partir de lui qu'on doit envisager les réformes. Voilà pourquoi je préconise que ces dernières soient territoriales. Il faut commencer par définir un territoire, sa population, ses besoins. Et non partir du haut, de l'offre, et obliger les gens à se déplacer pour en bénéficier. Un territoire de santé, c'est deux, trois cent mille personnes et, par rapport à cette donnée, examiner les besoins, créer un lien organique entre public et privé, en concernant toutes les branches du médical, des toubibs aux kinés, des infirmiers aux orthophonistes, histoire d'éviter concentrations comme déserts médicaux avec de rares hôpitaux en souffrance de recrutement.

Quand j'ai débuté, une femme restait douze jours à l'hôpital après avoir accouché – le tout pris en charge par la Sécu. Aujourd'hui, trois. La médecine se traite de plus en plus en ambulatoire. Elle réclame la technicité de l'hôpital, que ce soit pour l'acte chirurgical ou le matériel, mais ensuite, elle est reprise par d'autres de façon chronique. Il faudrait penser ce redéploiement et l'accompagner.

Les rapports 2020 de l'Inspection générale des affaires sociales (IGAS) et de la Cour des comptes sont sévères sur le bilan des GHUT. Devant la crise des déserts médicaux en 2019, la loi Buzyn (« Ma santé 2022 ») a supprimé le numerus clausus, soit, mais cela n'aura d'effet que dans dix ans ; d'ici là, le bateau aura peut-être coulé. Cette loi encourage les communautés professionnelles territoriales de santé, les CPTS, mais ne les impose nullement. Résultat : seule une centaine de regroupements ont été effectués, sur des thématiques très ciblées, ce qui ne change pas de fond en comble la structure. Rien sur une nouvelle organisation territoriale adaptée à notre époque avec une vraie décentralisation. Il faut que la Région obtienne la compétence en matière de santé comme elle l'a pour l'éducation. Que ce soit pour la formation des métiers de la santé, les équipements, les constructions, le mode d'organisation. L'attachement de nos concitoyens à un accès égal aux soins quel que soit l'endroit où ils vivent devrait être respecté. Tout comme il devrait y avoir une fluidité beaucoup plus grande entre l'hôpital et la médecine de ville. Cela signifie la fin du pré carré de chacun pour un investissement, au moins partiel, de tous au profit d'un service public. Afin de pallier les déserts médicaux, il faut décider une fois pour toutes qu'on ne s'installe pas selon son désir mais avec une autorisation de la Région et du territoire de santé. Une véritable démocratie sanitaire s'appuie sur une assemblée territoriale, médicale et paramédicale avec plusieurs collèges, y compris des associations de patients et les élus locaux, à voix non délibératives. Car qui mieux qu'un habitant lambda peut connaître la durée pour accéder aux urgences, la difficulté de trouver un dermato, un gynéco, un ophtalmo accessibles financièrement ? Cette gouvernance territoriale, qui aurait autorité durant cinq ans, signerait la fin de l'hospitalo-centrisme. Alors que notre société connaît des progrès technologiques médicaux inégalés dans l'histoire de l'humanité, alors que la France dispose d'une des meilleures ressources humaines en santé du monde, alors que notre pays dépense une part de ses richesses nationales parmi les plus importantes du monde pour elle, notre système de santé vacille.

De plus en plus de médecins désertent les hôpitaux. Quant au manque d'infirmiers, il devient abyssal. La santé vit une grave crise d'inadaptation à son environnement, et ne répond pas comme il le faudrait aux besoins et à l'évolution de la population. Outre une inégalité territoriale, il y a avec la question du vieillissement et de l'accroissement des maladies chroniques une inégalité sociale. Ainsi les 5 % d'hommes les plus riches ont treize années d'espérance de vie de plus que les 5 % les plus pauvres. Notre nouveau modèle de santé devrait s'appuyer sur ce mot d'ordre : « l'autonomie solidaire », comme nous l'avons écrit avec Frédéric Bizard dans un ouvrage éponyme[1], ou évoqué avec Bernard Spitz dans le dernier livre des Gracques, *Le Manifeste de la dernière chance*[2]. Autonomie qui incarnerait une nouvelle approche culturelle : une santé vécue comme la source de création de richesses, de réduction des inégalités sociales, de puissance géopolitique d'un pays. Et non comme une charge, un coût social sans fond, même s'il convient de contenir les dépenses. Un moyen de donner du sens au bien-vivre ensemble et à notre rayonnement scientifique. Il faut passer du soin à la santé, autant au service des bien portants que des malades. Le Ségur 1 n'a proposé que des revalorisations de salaires, nécessaires bien qu'insuffisantes, mais il s'agit maintenant de réaliser le Ségur 2 : la refondation globale du système de santé, afin de remotiver les blouses blanches. Toutes les blouses blanches.

L'hôpital souffre, attire moins, mais c'est aussi parce que sa culture interne change. L'administration, par exemple celle de l'Assistance publique de Paris, ne remercie même plus par une petite cérémonie

1. *L'Autonomie solidaire en santé*, Michalon, 2021.
2. Éditions Albin Michel, 2021.

amicale les départs des uns ou des autres qui se sont battus pendant de longues années pour assurer une bonne médecine et en conséquence la réputation de leur hôpital. Si je ne parlais que pour moi ce serait suspicieux, mais comme c'est répétitif... Le message est désastreux, qui laisse entendre que le médecin est interchangeable, que seuls les administratifs, garants de futures économies, méritent considération. Si chez ces derniers, il en est, à titre individuel, qui ont compris que c'est ensemble qu'on peut aller de l'avant, le mouvement est hélas pensé dans l'autre sens.

Et puis il y a la catastrophe des trente-cinq heures qui a mis à mal l'unité des services. On n'arrive plus à rassembler les membres d'une équipe en même temps, il y en a toujours plusieurs en récupération. Et les internes, à force de rattraper telle ou telle garde, mettent une année de plus à se former. L'hôpital, c'est peut-être Zola et Courteline, mais c'est aussi Kafka, bref c'est souvent épuisant.

D'autant qu'il faut compter aussi avec les rivalités, savoir s'imposer, ne pas se laisser marcher sur les pieds. J'ai eu la chance de commencer dans l'équipe du professeur Émile Papiernik, qui m'a fait une totale confiance lorsque je me suis lancé dans la fécondation *in vitro*. Le jour où il a souhaité partir pour relier les trois maternités autour de Cochin, j'ai mesuré les luttes de pouvoir. Ces assemblées de profs d'obstétrique humainement asséchés qui délibèrent, placent les copains coquins, tentent d'obtenir l'aval du ministre en place. Jeux de réseaux, jeux de pouvoir, jeux d'ego surtout, souvent au détriment des compétences requises.

Encore heureux qu'à l'hôpital, on sache aussi s'amuser. Il faut bien décompenser. Et créer du lien. Je n'ai pas été en reste, je le reconnais. Les blagues de carabins, les fameuses nuits de l'internat, j'ai connu. J'ai plâtré avec d'autres tel ou tel chef de clinique quand j'étais interne à Eaubonne, j'ai participé à des scénarios rocambolesques : je me souviens de ce chef en psychiatrie qui partait déjeuner dans un endroit chic avec sa chérie et que l'on a fait arrêter par des pandores en plein repas. On avait appelé la gendarmerie pour avertir qu'un fou s'était échappé du service, un fou qui se faisait passer pour médecin, c'était son truc à lui, il ne fallait pas y faire attention… Les gendarmes, prudents, ont tout de même téléphoné à l'hôpital et demandé à parler à la direction avant de se déplacer. Nous avions mis l'un de nos complices au standard, qui a passé le soi-disant directeur, l'un des nôtres aussi, bien sûr. Qui, très sérieusement, a assuré à la maréchaussée qu'un malade dangereux s'était échappé, qu'il se prenait pour un toubib, etc. Le pauvre, cueilli entre la poire et le fromage, a été emmené fissa loin de sa belle, et a mis un temps fou à obtenir… raison. Il y a aussi cette fois où on a appelé *France-Soir* (à l'époque l'un des plus gros tirages, avec plusieurs éditions quotidiennes) pour annoncer la première greffe de vessie de porc sur l'homme. Reporters à moto, interviews, gros titre dans l'édition de l'après-midi. « Pourquoi cette greffe ? » nous demande-t-on le lendemain lors – s'il vous plaît – d'une conférence de presse. Réponse : « Parce que les hommes sont tous des cochons ! »

Évidemment, je suis devenu plus sérieux. Mais j'apprécie ces petits relents de délire qui me rappellent le bon temps. À côtoyer les internes, on est confronté à ce vent de jeunesse, avec toute la créativité dont elle est capable. À l'hôpital, il y a une règle : les internes changent tous les six mois de service. Donc tous les six mois, il y a un pot de départ et une fête. Et comme ils n'ont plus rien à perdre, comme ils savent qu'ils ne seront pas brimés, ils jouent les fous du roi. Sketches, chansons, avec coups de griffes au passage, entre humour et caricatures. Rituel important. Autre tradition : « les dîners de têtes ». Les professeurs sont invités par les internes qui en profitent pour leur dire tout ce qui leur passe par la tête. Mieux vaut quand même être mesuré, il peut y avoir des mauvais coucheurs.

Il se passe toujours quelque chose à l'hôpital. Effectivement, je crois y avoir tout vécu. Le triste : je pense au suicide d'une externe, ou à la prise d'otage – avec colt sur la tempe – d'un chef de service de néonatalogie avant l'arrivée du GIGN, que j'avais prévenu. Mais aussi l'insolite, le charme de la différence. Le jour de l'inauguration de Clamart, en 1973, directeurs de l'Assistance publique, édiles, chefs de service étaient là. Moi, je n'y étais pas encore nommé mais on m'a raconté. Une femme déboule, tenant son ventre, visiblement percluse de contractions. La future sage-femme en chef, Francine Dauphin, lui dégote une salle libre dans l'hôpital qui n'était pas encore ouvert et l'accouche. Tout se passe bien. Entre parenthèses, devinez comment s'appelait cette parturiente ? Demeter, la déesse mère de la Terre. Joli, hein ? Cette jeune maman était d'origine gitane, et comme tout s'est bien passé ce jour-là, on a eu par la suite beaucoup d'accouchements de Gitanes à Clamart. Et à chaque fois c'était merveilleux. Les filles, enceintes souvent très jeunes, autour de dix-sept, dix-huit ans, arrivent en consultation avec leur mère. Le papa : mystère. Mais, le jour de la naissance, il y a foule. De fait « ils sont tous là ! », comme dans *La Mamma* d'Aznavour. Tous. Ce n'est pas une blague. Dans la salle d'attente, cinquante à soixante Gitans patientent, et ils ne bougent pas tant que le bébé n'est pas né. Quand la fille a accouché, le jeune papa, enfin visible, prend le gosse dans les bras pour aller le leur présenter. La porte s'ouvre, soudain c'est comme si un essaim d'abeilles s'abattait sur eux, ça crie, ça s'extasie. Ces moments incroyables, eh bien, il y en avait dans le service qui ne les supportaient pas. « Ils bloquent le passage, ils nous empêchent de travailler ! »

Des pisse-vinaigre. Franchement, où aujourd'hui peut-on voir toute une famille aussi fébrile, aussi enthousiaste dans l'attente d'une naissance ? Dans la vénération de l'enfant ? Moi, je trouve ça génial. C'est du Kusturica. Le film de la vie.

# I

## Israël

*« Je me sens terriblement français*
*de culture juive. »*

L'hôtel King David, un peu vieillot mais tellement luxueux, offre une vue irréelle sur Jérusalem. Accoudé au bastingage, depuis une chambre choisie tout exprès dans les étages supérieurs, je peux rester des heures entières, bercé par le brouhaha qui monte de la vieille ville, à regarder ses pierres changer de couleur au fil du jour. Que l'on soit croyant ou non, ce lieu protégé par ses murailles, centre des trois religions monothéistes, dégage une atmosphère à nulle autre pareille. J'aime y passer du temps à ne rien faire, si ce n'est à absorber le passé, le présent et peut-être le futur qui imprègne l'air.

« L'an prochain à Jérusalem ! » Combien de fois, enfant, n'ai-je pas entendu ce vœu dans la bouche de personnes chères aujourd'hui disparues. Je n'ai pas encore dix-huit ans quand je décide de découvrir la ville qui fait tant fantasmer des générations et des générations. Une amourette me sert de moteur pour entreprendre le voyage. Après sept jours et sept nuits de bateau, sur l'*Artsa*, un vieux rafiot israélien, je foule enfin le sol de la Terre promise. Nous sommes quatre cents adolescents en quête de nuits étoilées, de chansons, de rythmes, d'amitiés, d'échanges aussi. *Qu'est-ce qu'être juif ? Pourquoi l'antisémitisme ? Vas-tu faire ton alyah*[1] *?*

En ce mois de juillet 1960, je découvre mon premier kibboutz et son « socialisme » appliqué. Pas d'argent, pas de hiérarchie, chacun, homme comme femme, exerce toutes sortes de métiers par roulement : cuisine, blanchisserie, agriculture. Les enfants sont éduqués dans des maisons collectives mais retrouvent leurs parents chaque fin d'après-midi. J'apprends à traire les vaches sur fond de musique classique, à cueillir les fruits, à irriguer les cultures, à donner vie au désert en l'imbibant d'eau en petites quantités mais avec régularité. Le soir, dans ce village singulier, j'assiste, vêtu d'une belle chemise blanche, à des conférences philosophiques ou politiques. Un séjour entrecoupé de chants, de danses, de moments de discussions passionnantes avec des jeunes de toutes origines, yéménite, égyptienne, marocaine… Je vais visiter l'incontournable

1. S'établir en Israël.

Massada, cette citadelle archéologique en plein désert où les juifs ont préféré se suicider plutôt que d'être prisonniers des Romains. Pas de téléphérique ultramoderne comme aujourd'hui pour y accéder. Mon souffle et mes seuls pieds. Puis, je file à la source d'Ein Gedi, une oasis en plein désert, véritable illustration du poème biblique *Le Cantique des cantiques* : l'amour doit exister au fond de cette eau bienveillante.

À l'époque Jérusalem est coupée en deux. La ville juive est protégée par un muret et des barbelés pour parer aux éventuels tirs jordaniens. Par un interstice de ce muret, on tente d'apercevoir le Mur des lamentations, qui nous est interdit d'accès. Jérusalem ne sera réunifiée que sept ans plus tard, à la sortie de la guerre des Six-Jours.

Je quitte le groupe en août[2] et décide de parcourir en auto-stop ce pays petit mais si riche. Je découvre le lac de Tibériade, bordé de grands arbustes fleuris, la ville de Césarée, où je dors à l'auberge de jeunesse entourée de sculptures et d'antiquités datant de l'époque romaine. J'étrenne la toute récente route goudronnée qui relie Beer-Sheva à Eilat. Sur le chemin, je me fais engager comme manœuvre

2. Tout récemment l'un de mes compagnons d'aventures m'a envoyé une photo, me demandant de l'aider à remettre des noms sur ces grands ados que nous étions alors. Finalement, nous en avons contacté une dizaine et nous avons décidé de nous revoir… soixante ans après !

dans les mines de cuivre du roi Salomon du désert du Néguev. Quelques jours, le temps de renflouer les finances pour pouvoir continuer mon périple. Je m'offre une parenthèse enchantée à Eilat, superbe plage déserte sans la moindre construction – je sais, c'est dur à imaginer aujourd'hui tant c'est bétonné. Je dors dans un sac de couchage à même le sable. Moments de félicité. Ou presque : des routards de rencontre me conseillent de me déplacer fréquemment dans la nuit au cas où des fedayins agressifs débouleraient d'Aqaba la Jordanienne, à peine distante de cinq kilomètres à vol d'oiseau. Enfin, je me baigne dans la mer Rouge, au milieu des montagnes d'Arabie, d'Égypte, de Jordanie, je profite de la beauté de ses coraux, ses poissons eux aussi colorés, plus nombreux que les habitants du petit port d'alors. Plus tard, je découvrirai dans le bel aquarium d'Eilat un petit poisson qui porte mon nom, petit mais vif, un frère, quoi ! Sous l'eau, autant de couleurs chatoyantes qui vibrent au soleil couchant avec les dégradés du rouge des montagnes qui s'y reflètent.

J'aime toute cette région où j'ai eu la chance de revenir souvent. J'aime le Liban de Balbeck, la Syrie de la cité de Palmyre ou des fresques imagées de la synagogue de Doura Europos, la Jordanie de Pétra et des tombeaux de Moïse et Aaron, les sites d'Abou-Simbel ou du Serapeum de Saqqarah, en Égypte. Seul bémol, à chacune de ces découvertes, j'ai dû faire le voyage trop vite dans le cadre de simples allers-retours professionnels. J'aurais tant aimé prendre le temps, aller d'une frontière à l'autre en toute liberté, me diriger par exemple d'Israël vers Al-Ula, en Arabie saoudite, dont le patrimoine archéologique vient d'être mis en évidence. Les mêmes lumières, les mêmes couleurs, les mêmes odeurs baignent les frères ennemis.

Alors comment vivre cette attirance ? Je me sens terriblement Français de culture juive, ce qui fait que je me réjouis de l'existence d'Israël tout en regardant son histoire avec un serrement au cœur, tant les malheurs des peuples qui habitent cette région s'y sont succédé. J'ai des liens très particuliers avec cette terre, moi qui, ô surprise – je le découvrirai à l'âge de trente-six ans lors de l'enquête administrative nécessaire à l'obtention du diplôme d'agrégation de médecine –, suis né en France mais de nationalité palestinienne ! Naturalisé à l'âge de cinq ans, mais bel et bien palestinien du fait que mon père s'était établi en Palestine alors sous mandat britannique, avant de venir en France. Palestinien et juif, bizarre non ?

La vieille ville de Jérusalem regorge de contrastes. Il y a déjà toutes ces Églises chrétiennes : chaldéenne, arménienne, copte, éthiopienne, syrienne, grecque, russe, roumaine, maronite… Autant de noms, de complexités qui stratifient l'Histoire. Les chrétiens se battent pour être les plus proches du

Saint-Sépulcre, lui-même gardé par une famille en propriété privée. Un peu curieux mais c'est comme ça. Les juifs orthodoxes ont leur quartier, Méa Shéarim, et se promènent toujours avec leur costume d'un autre hiver, la tête ceinte de leur chapeau en fourrure. Les femmes voilées musulmanes cohabitent avec une génération plus occidentalisée. À Tel-Aviv, elles se baignent tout habillées à côté d'Israéliennes en bikini. Les juifs, les uns ashkénazes d'Europe de l'Est, les autres séfarades provenant des pays arabes – qui les ont mis dehors il y a une quarantaine d'années –, voisinent avec les Éthiopiens de Jaffa. Le monde hébraïque est d'une telle diversité. Que de langues, que de chants, que d'habits, que de nuances historiques. Rien n'est plus différent d'un juif qu'un autre juif. Le musée de la Diaspora de Tel-Aviv le montre parfaitement et en voyageant on s'en rend mieux compte encore. Lors de mes voyages professionnels, j'ai eu l'occasion de visiter les synagogues à l'autre bout du monde, j'ai pu admirer tant de faciès humains : juifs aux yeux bridés dans la synagogue de Hong-Kong, juifs aux couleurs de peau mélangées à la synagogue de Nairobi, au Kenya, juifs blonds aux yeux bleus d'Ukraine…

Le passé d'Israël est époustouflant. Cette constance autour des textes bibliques découverts dans la grotte de Qumram, dont certains datent de trois siècles avant Jésus-Christ, entreposés aujourd'hui dans le Sanctuaire du livre de Jérusalem, a de quoi bouleverser. C'est le passé le plus tangible, le plus visible, ce sont parmi les plus extraordinaires traces de l'écriture de l'homme. J'aime ce musée d'art de Jérusalem, aussi parce qu'il trône au milieu d'un magnifique jardin des sculptures où cohabitent des œuvres d'Henri Moore avec celles d'artistes contemporains. À l'intérieur, il regorge de trésors archéologiques, sans cesse alimentés par de nouvelles découvertes, preuves tangibles de la présence hébraïque sur cette terre.

Le carré magique de la vieille ville de Jérusalem, avec ses trois religions monothéistes, devrait être une entité à part. Un écrin d'une éternelle splendeur. Mon père a dû fouler ces mêmes lieux, embrasser ces mêmes images quand il a débarqué en 1921 de sa Pologne natale. Je l'imagine docker sur le port de Jaffa, puis chauffeur d'autobus sur la ligne qui reliait cette ville à Tel-Aviv. Que faisait-il pendant ses courts moments de loisir ? Et pourquoi, après Paris, ce nouveau retour en 1933 en terre palestinienne avec ma mère rencontrée dans le XIe arrondissement ? Une partie de ma famille tenait un restaurant en plein centre de Tel-Aviv et, comme ma mère était une excellente cuisinière, tout naturellement, ils ont décidé de leur prêter main-forte. Rien que de penser à la cuisine de ma mère, j'ai les papilles en émoi. Entre autres « madeleines », je me souviens de ses savoureux strudels, bortsch de betterave rouge, latkes, carpe farcie… Après une année au restaurant, les émeutes palestiniennes faisant rage et ma mère étant enceinte, ils ont choisi de repartir en 1936. Il était plus sûr d'accoucher en France. Mon grand frère Guy n'attendra pas jusque-là : en janvier 1936, ma mère le mettra au monde sur le bateau, le *Patria,* en face du port d'Alexandrie ! Quand elle nous parlait du *Patria* et de son capitaine Auguste, nous imaginions, Guy et moi, qu'il s'agissait d'un bâtiment imposant, genre le *Queen Mary.* Le hasard (peut-être pas ?) m'a fait entrer au musée de la Marine de la ville de Haïfa. J'ai vu quelques photos et reliques du rafiot d'émigrants en question… Il a fini dans le port de Haïfa, coulé par les résistants juifs en lutte contre les occupants anglais, parce que ces derniers l'empêchaient d'accoster avec sa cargaison de rescapés de la Shoah. Le *Patria*, autre *Exodus*… Aujourd'hui, une autre guerre, de bientôt cent ans, semble inextricable entre Palestiniens et Israéliens. Pourtant je reste optimiste. Un jour, il y aura une reconnaissance mutuelle et une sécurité partagée pour ces deux peuples rassemblés par ces lieux magiques. J'espère être là pour le voir, le vivre…

# J

## Jardin

*« Ma curiosité n'a pas de limite*
*qu'il s'agisse de l'humain,*
*de l'animal, du végétal. »*

Un soir d'été au soleil rouge, couché sur l'herbe au milieu d'une symphonie de verts, j'ai soudain été envahi par une incroyable sensation de bien-être. Comme si je ne faisais qu'un avec le monde. Mes jambes s'enfonçaient dans la terre meuble tandis que je communiais avec l'air qui m'enveloppait. Rarement j'avais ressenti autant de calme. Un moment intense, et fugace, comme le sont souvent les instants de bonheur. Ce jour-là, que je n'ai jamais oublié, j'étais dans ma campagne. Admirant le terrain que j'avais aménagé au fil de ces quatre dernières décennies en y plantant une quarantaine d'arbres. Aujourd'hui la plupart pointent vers le ciel leur masse énorme. Majestueux. Ils racontent l'humilité de la nature humaine face au temps et le miracle de la vie végétale. Je me souviens que je n'ai pu m'empêcher de murmurer : « C'est le nirvana ! Ne manque plus qu'une biche... » Eh bien, le lendemain, une biche est apparue ! Le terrain est grand mais clos, sauf par une rivière qui le traverse. Franchement, quelle probabilité y avait-il qu'une biche égarée l'emprunte ? Ces petits clins d'œil de la vie forcent ma sérénité.

« Voici des fruits, des fleurs, des feuilles et des branches, voici mon cœur qui ne bat que pour vous, ne le déchirez pas avec vos deux mains blanches, et qu'à vos yeux si beaux l'humble présent soit doux. » Ces vers de Verlaine me sont venus spontanément. J'ai même cru le voir adossé au pommier. Ce souvenir me laisse aux lèvres un goût d'ambroisie. Et, contre toute attente, moi qui ai passé la plus grande partie de ma vie dans une ville bétonnée, je suis devenu sur le tard un amoureux de la nature. Le regard et la sensibilité de mon épouse Monique y ont contribué, bien sûr. Je me suis éduqué, j'ai observé, appris, contemplé. Je ne peux plus m'en passer. Les jardins, les parcs ne sont-ils pas l'évocation de la vie éternelle ? Un avant-goût du jardin d'Éden, entre douceur de l'air, nudité des corps, insouciance et harmonie, allégories du paradis.

La montagne, la mer me sont moins des lieux de séduction. Elles se manifestent plus dans le corps-à-corps avec une nature parfois déchaînée. Rencontres également nécessaires, je ne le nie pas, mais depuis le *Roman de la Rose*, de Guillaume de Lorris, on sait que l'amour siège dans un jardin clos, la rose étant la métaphore de la femme aimée. Avant que Ronsard évoque le temps éphémère de la beauté qui inéluctablement passe… *Le Songe de Poliphile*, au milieu du XVIe siècle, nous rappelle combien le songe est important dans la vie sensible et combien les rêves surnaturels sont des rêves véridiques, et *vice versa*.

Tant de jardins extraordinaires ! Des terrariums, des jardins botaniques, des jardins médiévaux, des jardins à la française bien tracés, à l'anglaise un peu tout fous, à l'italienne avec leurs rocailles, les hispano-mauresques où coule l'eau vive, les jardins persans autour d'un bassin, les jardins suspendus de Babylone, les jardins japonais où l'herbe cède la place à la pierre sacrée, aux cailloux épurés. L'attention des Japonais à l'égard de leurs vieux arbres, sans cesse soutenus, étayés, aidés jusqu'à la fin de leur existence, est une leçon de bien-vivre entre les générations. On comprend que là-bas, les artistes âgés soient considérés comme des trésors vivants.

Les jardins, c'est aussi l'étrangeté des arbres, leur différence de tailles, de formes, de couleurs. Il existe des arbres aux mouchoirs, des arbres aux cent écus, des arbres glycines, des arbres flamboyants, des jacarandas bleus, c'est sans fin. À l'aune des couleurs des érables qui varient du jaune d'or au rouge éclatant, du violet cru au mauve, perpétuel renouvellement.

Les jardins, c'est pour moi aussi l'enfance. Alice qui court à perdre haleine ou Peter Pan dans les jardins de Kensington. Un monde mystérieux peuplé de fées Clochette qui tintent le matin au lever du soleil, accompagnant les dialogues chantants des oiseaux dont on cherche toujours la traduction. Cet univers végétal recèle plein d'autres vies, auxquelles désormais je m'intéresse : des insectes, blottis dans les arbres ou sous les pierres, aux animaux qui évoluent dans ou au bord de l'eau… Reste cette question : comment ai-je pu vivre si longtemps sourd et aveugle aux attraits de la nature ? Il faut dire que la nature humaine est un champ d'investigation où les mystères poussent en toute saison. Finalement, ma curiosité n'a pas de limites, qu'il s'agisse de l'humain, de l'animal ou du végétal. C'est une valse à trois temps qui défile devant mes yeux embués.

# K

## Khajurâho

*« L'Inde, ce continent attire et fait peur. »*

Rabindranath Tagore (1861-1941), musicien prolifique, poète, romancier, a traduit dans nombre de ses créations cette bascule liée aux déchaînements de la nature, ouragans, inondations, tremblements de terre, sans oublier l'omniprésente mousson de son Inde natale, qui amènent l'homme à craindre les forces surnaturelles. Monique Frydman avait été invitée, en 1982, à exposer ses œuvres à la triennale de New Dehli. Occasion professionnelle doublée d'une profonde attirance pour cette philosophie de l'existence, celle de Tagore, prix Nobel de littérature en 1913, comme celle du réalisateur Satyajit Ray qui nous enchanta avec *Le Salon de musique.* L'exposition de peinture terminée, nous décidons de faire un saut – à six cents kilomètres de la capitale tout de même – jusqu'aux temples de Khajurâho, édifiés entre le x^e^ et le xi^e^ siècles après Jésus-Christ, où va se donner, dans le cadre d'un festival de danse, son grand concert annuel. Arrivés le matin même par avion, nous prenons le temps d'admirer les fameux bas-reliefs des temples avec leurs sculptures érotiques d'une liberté sensuelle mondialement réputée, avant de rejoindre la « salle » improvisée en plein air. Sous de grands arbres, une estrade sommaire a été installée. Devant, des centaines de personnes assises sur des chaises en bois mangent, discutent, des enfants courent entre les rangées. Premiers rangs réservés aux invités de marque, la suite au tout-venant, et, tout derrière, des paysans, de la grand-mère au nouveau-né, juchés sur la remorque de leur tracteur, bien décidés à ne rien rater du spectacle. Leurs oreilles toutefois vont avoir du mal à percevoir les subtilités de la musique. La foule indienne n'est pas disciplinée. La première chanteuse a beau se lancer, le brouhaha ne cesse pas. Monique tente de faire asseoir les gens, leur intime l'ordre de se taire, peine perdue, la voix de la diva reste quasi inaudible. Il y a de l'agitation dans l'air. Nous-mêmes sommes gagnés par cette ambiance électrique. Monique se lève, pressée de partir comme si son corps ressentait un courant magnétique prémonitoire. Alors que le ciel semblait serein, un vent d'une force incroyable s'abat d'un coup sur l'assemblée. Les musiciens se hâtent de protéger leurs instruments, la chanteuse est exfiltrée, les décors se soulèvent, les branches volent, les spectateurs s'extirpent fissa de leurs places, Monique et moi sommes arrachés l'un à l'autre. Elle est emportée au loin alors que je m'abrite sous des chaises renversées pour me protéger d'une foule hurlante et paniquée qui enjambe tout sur son passage. Bientôt c'est la pluie qui succède au vent violent, des averses de grosses gouttes glacées. L'endroit n'est plus que désolation, la tempête redouble de force, plaquant les gens au sol trempé. Une marée humaine rampe dans la boue à la recherche d'abris de fortune. J'aperçois Monique contre un tronc d'arbre entourée d'une ribambelle d'enfants. Je tente de l'appeler, inquiet qu'éclairs et foudre surviennent. En vain. Pour éviter d'être piétiné, je dois même la quitter un instant des yeux. Aussi subitement que la tempête s'est levée, le calme revient et avec lui un silence profond, entrecoupé de hoquets et de sanglots de spectateurs comme nous grelottants, sonnés. Puis il pleut à torrent. Épuisé, délesté d'une chaussure, sale et titubant, je finis par retrouver Monique sur le chemin de l'hôtel où des couvertures et un thé chaud nous attendent. Ouf.

Il nous faudra un autre voyage pour entendre dans un ashram la musique céleste dont nous avons été privés, ce trio de femmes *a cappella* dès le lever du soleil vénérant au bord d'un fleuve les parents disparus, ou encore cette musique carnatique, à

Madras, donnée lors de la fête de fin d'année de la grande école de musique. Concert rythmé par les tablas, les flûtes, les sarangis. C'était l'époque où nous venions de découvrir Ravi Shankar, le prince du sitar, magicien des rencontres entre musiques indienne et européenne. Outre ces notes envoûtantes, ce sont les couleurs des saris, les gestes gracieux des danseuses, leurs mains inversées, leurs doigts déroulés, leurs yeux extraordinairement maquillés, autant de formes de langage qui nous sont restées dans le cœur.

L'Inde, ce continent, attire et fait peur. De Bombay à Pondichéry, en passant par Calcutta ou Cochin, que de scènes insolites. Pêle-mêle dans mes souvenirs : un groupe de lépreux vêtus d'un rouge bien visible, agitant des clochettes pour éviter tout contact avec le reste de l'humanité ; des hommes déambulant en pleine ville à quatre pattes comme des singes, imitant leur façon de crier, de sauter ; des estropiés de toute nature, tantôt sans yeux, tantôt sans jambes, parfois sans bras, se déplaçant sur des charriots entre voitures et rikshaws pour mendier ; une grappe de sadhous à la grande barbe blanche, presque nus, traînant leur fragilité ascétique au milieu du trafic, munis de leur gourde d'eau en cuivre et d'un grand bâton de marche. Mais marchent-ils vraiment, eux qui semblent planer à quelques centimètres du sol ? Ailleurs, les tombes des cimetières habités, véritables banlieues des métropoles…

Mais il y a aussi la délicatesse du marbre blanc des temples jaïns, la spiritualité qu'on ressent, omniprésente et authentique, les temples hindous où résonne le tintement des cymbales interpellant une divinité, la dévotion aux dieux, parfois enfantins comme Ganesh à tête d'éléphant ou Hamsa le cygne, ou encore la merveilleuse Parvati, version féminine de Shiva, les fleurs fraîches, l'encens…

Bénarès m'a particulièrement marqué. Je me suis bien sûr assis sur les berges du Gange, sur les *gath,* ces grandes marches qui donnent sur le fleuve sacré, lieu d'offrande, de purification. Je me trouvais sur la rive gauche, à distance de la zone de crémation, ces bûchers qui n'arrêtent jamais, protégés des regards indiscrets, mais je sentais la fumée, l'odeur du bois brûlé des bûchers. La mort omniprésente. Comment ne pas penser au rituel de la sati, veuve qui s'immole par le feu lorsque son mari vient de décéder, qui n'a été interdit… qu'en 1988 ? Plus marquante pour moi encore, la vision de l'autre rive du fleuve, inhabitée, déserte comme si le Gange était aussi le Styx et que le néant en majesté attendait son dû, une réalité pour ceux qui ne croient pas à la réincarnation.

L'eau indienne si précieuse n'est pas toujours aussi lourde de signifiants. J'ai apprécié de me promener en bateau sur les *Backwaters* du Kerala, ces lagunes qui trouent une végétation luxuriante. Depuis les rives de cette Venise indienne, on aperçoit des ribambelles d'écoliers aux uniformes impeccables, d'écolières aux longs cheveux noir de jais : l'autre Inde. Celle de demain en mouvement.

# L

## Lambaréné

*« Albert Schweitzer, un humaniste respectueux de toutes les formes de vie. »*

La lecture d'un roman est souvent la première étape qui mène au voyage. J'ai eu la chance de parcourir en tous sens la planète, en touriste passionné et curieux mais aussi à l'occasion de congrès médicaux qui m'ont permis d'échanger avec les confrères des cinq continents. Lors de ces déplacements professionnels, je me suis toujours arrangé pour consacrer un ou deux jours à la découverte des villes et des natures inconnues. L'occasion de me confronter, en vrai, aux belles histoires. *Le Cœur des ténèbres*, de Joseph Conrad, m'est ainsi revenu en mémoire quand je me suis retrouvé au Gabon à bord d'une pirogue sur le fleuve Ogooué. Un moment privilégié, qui se mérite, après un long trajet en voiture au milieu d'une forêt démentielle.

Ce genre de forêt comme on en rêve enfant, avec des arbres si énormes qu'ils empêchent d'apercevoir le ciel. Un monde de la pénombre accentuée par l'eau noirâtre du fleuve absorbant le peu de lumière.

Il faut bien cinq heures de route pour rejoindre le mythique Lambaréné, l'hôpital gabonais créé par le docteur Schweitzer en 1913, où il est enterré aux côtés de sa femme et de sa fille, mais aussi d'Emma Hausknecht, sa fidèle infirmière. La visite des bâtiments d'origine témoigne de la pugnacité de celui qui fut aussi pasteur protestant, théologien, philosophe et… musicien ! Albert Schweitzer pouvait passer des heures au piano ou à l'orgue, envoûté par Bach qu'il jouait à merveille, jusqu'à ne pas s'apercevoir du temps qui passe. Parfois quelqu'un devait lui dire : « Il est minuit, docteur Schweitzer », tant il avait du mal à arrêter, se donnant à fond à tout ce qu'il faisait.

Alors, est-il le précurseur des *French doctors* ? Un colonialiste doux ? Un progressiste, comme en témoigne son engagement contre l'armement nucléaire ? En tout cas, un homme dévoué, un humaniste, respectueux de toutes les formes de vie, allant jusqu'à prôner bien avant l'heure le respect des animaux, se refusant d'en consommer, sans y obliger les autres, mais aspirant à un changement de comportement des humains à leur égard. Un homme difficile à ranger dans une catégorie. Peut-être n'a-t-il pas eu la reconnaissance qu'il mérite.

S'il a reçu le prix Nobel en 1952, récompensant entre autres ses actions contre le paludisme et la lèpre, il n'est ni au Panthéon ni dans le cœur des hommes, des Français en particulier. J'ai bien sûr visité le musée qui lui est consacré avant de reprendre la même route assombrie par la densité de la canopée.

Ma présence au Gabon avait une raison médicale. Je venais dans le cadre d'une mission à Franceville, troisième ville du pays, siège du Centre international de recherche médicale (CIRMF), soutenu par l'INSERM. J'avais obtenu une bourse d'études pour un jeune étudiant prometteur, Yves Ville, aujourd'hui professeur d'obstétrique, qui souhaitait y faire sa coopération. Le matériel *nec plus ultra* du labo était arrivé depuis plusieurs mois, mais quelle ne fut pas notre surprise de le trouver abandonné sous une grande bâche à la merci de l'humidité ambiante, ce qui, compte tenu du climat, n'est pas propice à une bonne maintenance... Bref, il convenait de reprendre fermement en main le projet. Le CIRMF, cofinancé par Elf Aquitaine et l'État gabonais, a été créé en 1974 afin d'étudier les problèmes d'hypofécondité qui touchait la population gabonaise dans les années 1970-1980, spécialement les hommes. La plupart, pour des causes infectieuses ; restait à délivrer les antibiotiques adaptés, et à lancer une campagne de prévention pour lutter contre les maladies sexuellement transmissibles.

Jouxtant le centre, une animalerie de grands singes encagés… Dans de grandes cages, soit, mais des cages tout de même… à quelques mètres de la forêt. Le paradoxe choque d'autant plus que, lorsqu'on est face à eux, surtout quand ils se redressent, ces singes semblent si proches de nous qu'on les laisserait volontiers user de leur liberté. Et comment la leur refuser quand ils posent leur regard mélancolique sur nous ? Consolation, j'ai pu constater le lien fort qui unissait chaque chercheur à son grand singe. Déjà, dans le cadre des recherches, ces hommes faisaient leur possible pour que leurs animaux soient totalement respectés – on était aux prémices des chartes éthiques sur la recherche animale –, mais ils leur témoignaient une vraie affection. J'ai même été invité chez l'un d'eux où, à la table familiale, dans deux chaises de bébés, son fils, d'un côté, et un jeune chimpanzé du même âge, de l'autre, chacun emmailloté comme il se doit, attendaient qu'on leur donne à manger. La proximité avec l'humain au début de leur existence est assez étonnante, ensuite leur évolution va les différencier, mais voir ces deux coquins en couche-culotte taper avec leur cuillère en bois pour réclamer la soupe avait quelque chose d'insolite, une sorte d'avant-goût de *La Planète des singes*, version soft. Plus tard, j'ai voulu organiser un voyage pour observer les gorilles des forêts de Kivu, une province du Congo, malheureusement les événements politiques m'en ont empêché. Mais j'ai eu l'occasion de revenir de multiples fois sur ce continent fascinant.

En 2011, par exemple, j'ai été invité au Bénin, à Cotonou, dans le cadre du congrès du Groupe interafricain d'études, de recherche et d'application sur la fertilité (GIERAF), dont mes amis et anciens visiteurs de Clamart, Ernestine Gwet Bell et Moïse Fiadjoe, m'avaient confié la présidence temporaire. Le sujet qui nous animait : les grossesses gémellaires en Afrique. Car l'Afrique subsaharienne est la zone du monde où l'on observe le taux d'accouchement de jumeaux le plus élevé. Une situation vécue comme un honneur ou un drame, en tout cas jamais de façon anodine tant il y a une connotation sacrée attachée à ces êtres doubles, mystérieux, perçus comme une sorte de transition entre l'Univers visible et l'invisible. Dans certaines ethnies, on les accueille comme des demi-dieux, source de joie, voire d'exaltation, quand d'autres, comme les Lundas, se défient de ces « enfants du malheur », allant même, par le passé, jusqu'à supprimer l'un d'eux. Une naissance double, *de facto*, c'est plus de complications pour la mère, pour les parents et les enfants eux-mêmes. Mais les apports de la médecine ont permis aux mentalités d'évoluer. De moins en moins, les jumeaux sont considérés comme une calamité.

Ah, être parents ! Même dans l'Afrique surpeuplée, pour vivre ce grand moment, certains devaient recourir à notre compétence avant que des équipes locales soient créées. Petite histoire qui me revient… Il était une fois un pays africain dont la première dame était sur le point de bénéficier, dans mon service à Clamart, d'une fécondation *in vitro*. Or, au moment de programmer son recueil d'ovocytes, j'apprends que son président de mari ne peut quitter sa capitale, accaparé par d'importants problèmes politiques. Impossible cependant de repousser l'intervention : l'horloge biologique féminine qui régit l'ovulation, fût-elle celle d'une *first lady*, a ses impératifs. Une seule solution : puisque le grand homme ne peut venir à nous, si nous allions à lui ? Enfin, « nous » : Danielle J., ma secrétaire, qui s'est dévouée pour jouer au saute-ruisseau. Illico, elle a pris l'avion avec la fiole miraculeuse. Miraculeuse à plus d'un titre : à peine l'appareil posé sur le tarmac, la voilà qui se retrouve escortée par mon ami Jean-Daniel Rainhorn, en mission humanitaire au même moment dans ce pays ! Incroyable coïncidence. Un hélicoptère est venu les chercher, les a conduits au palais présidentiel alors en plein conseil des ministres. Un mot glissé à l'oreille du président, celui-ci s'est levé priant son gouvernement de l'excuser quelques minutes, le temps de s'isoler et de remettre la fiole ayant recueilli sa précieuse semence à Danielle. Qui, immédiatement, a refait le chemin inverse… Est-ce par référence à l'ancien royaume de Porto-Novo, proche de leur pays, où il y avait un roi du jour et un roi de la nuit, habitant dans deux palais distincts, que notre couple présidentiel a mis en route un enfant double ? Une gémellité providentielle, résultat d'un sacré travail d'équipe. Comme quoi. C'était impossible, alors nous l'avons fait.

# *M*

## MSF

*« Le droit d'ingérence en question. »*

Il fallait en vouloir pour se rendre aux réunions de MSF ! Elles se tenaient loin, en banlieue parisienne, au siège de la revue médicale *Tonus,* dirigée par Raymond Borel et Philippe Bernier. Des réunions plutôt hautes en couleur. Normal. Les participants avaient, comment dire, de la personnalité. La plupart avaient œuvré au Biafra en 1968, d'autres au Pakistan oriental, futur Bangladesh, en 1971, après le cyclone qui avait frappé Bhola et causé la mort de près de six cent mille personnes. Bref, pas des mollassons. Médecins sans frontières a été créée dans la foulée, le 22 septembre 1971. Parmi les treize fondateurs, Bernard Kouchner, Max Récamier, Jacques Bérès, Xavier Emmanuelli… La philosophie de l'organisation était bien sûr de soigner toutes les victimes sans distinction de races, d'origines, etc., mais sans pour autant se taire, comme la Croix-Rouge et sa légendaire neutralité nous y avaient habitués. Notre nouvelle génération refusait ce silence. Le droit d'ingérence allait bientôt s'affirmer comme une ligne politique importante, avant d'être récemment contesté.

En 1972, un tremblement de terre frappe Managua. Près de vingt mille morts dans la capitale du Nicaragua, alors tenue par Somoza père et fils, parangons de dictateurs. Je viens d'accompagner femme et enfant gare de Lyon pour les vacances d'hiver et je leur confirme que je serai dans huit jours sur ce même quai pour les accueillir. À peine les adieux faits, je prends la route avec mon complice Jean-Daniel Rainhorn pour passer le réveillon de Noël avec des amis en Bretagne. Chemin faisant, la radio nous apprend que MSF cherche des médecins pour se rendre à Managua. Sans hésiter, on se propose comme volontaires. Arrivés en Bretagne en fin d'après-midi, on a juste le temps d'un court réveillon avant de reprendre le train de minuit pour Paris : il nous faut être le lendemain matin à Orléans, base de départ des avions Transall chargés de matériel par l'armée française, qui accepte de nous embarquer dans la carlingue. Mon frère a la gentillesse de venir nous attendre au petit matin à l'arrivée de notre train à Montparnasse et, mieux, nous conduit jusqu'à la ville de la Pucelle. Après vingt-quatre heures de voyage, dont deux escales, les lourds vaisseaux militaires atterrissent à l'aéroport de Managua, où s'entasse l'aide humanitaire de différents pays (aide qui sera distribuée et monnayée au compte-gouttes, uniquement, ou presque, au bénéfice du président, de ses proches et autres nantis…). Outre Bernard Kouchner, nous sommes cinq médecins français rapidement affectés à l'hôpital britannique de Managua, dont le jardin est envahi de lits et de malades exfiltrés du bâtiment central – des fissures laissent présager le pire. Sans attendre, nous nous jetons dans la bagarre, aidés par les infirmières britanniques. Nettoyage des plaies, pansements, attelles, petites opérations en plein air, ça n'arrête pas… Quand, soudain, une petite main me tape sur l'épaule : « *Doctorrr, it's tea time…* » Ma surprise n'est pas moins grande que si la reine d'Angleterre *herself* s'était adressée à moi ! Les Anglais ne badinent pas avec les traditions. À l'abri des regards, un feu de bois fait bouillir, comme il se doit, l'eau. Une pincée d'Earl Grey. Joie de se désaltérer. *God save the Queen.*

Échange avec des médecins nicaraguayens, maraude dans l'ambulance de la ville détruite pour retrouver quelques victimes. Des blessés souvent angoissés à l'idée d'être agressés ou de voir leurs derniers biens volés. Même les infirmières portent un pistolet sur la cuisse, ce qui, à part faire monter la tension – sur tous les plans ! – me laisse dubitatif question efficacité sécuritaire. Après le quatrième jour, la mission d'urgence prend fin. Soirée conviviale et musicale. Moi qui adore les rythmes latinos, je savoure cette rencontre brève sur fond de montagnes du pays, pour la plupart d'anciens volcans assoupis. Mais il y a un temps pour tout. Les Transall ayant déchargé leur contenu, nous repartons avec eux vers la France, après une sympathique escale le 31 décembre au mess des officiers de Guadeloupe.

Comme promis, le lendemain, je suis gare de Lyon pour accueillir ma petite famille ! Avec juste un tout petit peu plus de choses que prévu à raconter…

Ce n'est qu'en 1974, à l'occasion des grandes inondations au Honduras, que MSF va mettre en place sa première mission de présence médicale à long terme. Rapidement deux lignes s'affrontent au sein de l'organisation de plus en plus sollicitée. Faut-il témoigner des injustices subies par les pays secourus, comme le pense Bernard Kouchner ? Ou rester dans la neutralité, éviter toute critique des gouvernements en place, opinion de Claude Malhuret, nouveau président de MSF depuis 1978 ? Après l'affrètement d'un navire, l'*Île de lumière*, par Bernard Kouchner dans le but de recueillir les boat people réfugiés du Sud-Vietnam, du Laos et du Cambodge en mer de Chine, et la contestation de cette initiative par certains, la décision est prise de créer une nouvelle organisation : Médecins du monde. C'est avec elle que je pars pour le Tchad, à l'automne 1981, afin d'y assurer une meilleure sécurité des naissances en formant les matrones et les médecins de la maternité de Ndjamena. La conquête du pouvoir par Hissène Habré rend notre séjour périlleux ; sans cesse des soldats menaçants et armés jusqu'aux dents font irruption dans les bâtiments hospitaliers. Heureusement, quelques mois plus tard, nous réussirons à poursuivre notre action en établissant des rotations entre les sages-femmes de la maternité de Clamart et celles de Ndjamena.

L'aide humanitaire est le plus souvent un élan généreux mais, passée l'urgence, on retombe vite dans les problèmes chroniques d'une sous-médicalisation. La pérennité des ONG, sans cesse amenées à répondre à des situations chroniques, enkyste paradoxalement le problème. L'essor des forces médicales locales est essentiel mais, pour les gouvernants, il s'agit d'investissements parmi beaucoup d'autres tout aussi importants. La tentation est alors de laisser les étrangers régler l'urgence à leur place. Je ne dis pas qu'il ne faut pas le faire – s'il n'y avait aucun tissu médical ou pharmaceutique, le terrain ne serait que drames humains –, mais l'accent doit être mis sur la formation d'une élite locale.

En 2019, je suis allé en compagnie de Jean-Marc Ayoubi au Kurdistan irakien, près de Mossoul, avec une ONG[1] que nous avions soutenue à Paris pour la création de dispensaires et de camions médicaux itinérants. Les réfugiés yazidis, les Irakiens victimes de Daech, étaient soutenus par le gouvernement autonome du Kurdistan, qui irriguait ses unités médicales de jeunes Irakiens kurdes prêts à se former au métier d'infirmiers ou d'officiers de santé. Cette transmission du savoir médical dans le but de créer un personnel autonome doit, me semble-t-il, rester l'objectif premier.

J'ai également assuré quelques missions au sein de La Chaîne de l'espoir, formidable ONG fondée par Alain Deloche, présidée par Éric Cheysson. Elle garantit entre autres les soins de chirurgie cardiaque aux enfants de pays ne disposant pas de moyens pour opérer, ainsi que des suivis de maternité. J'ai participé récemment à des formations en visioconférence avec l'Institut médical français pour la mère et l'enfant (IMFE), créé en Afghanistan, simultanément par La Chaîne de l'espoir, les gouvernements français et afghan, et par la fondation Aga-Khan. Alain Deloche et Éric Cheysson ont l'habitude de sillonner les zones déshéritées un peu partout dans le monde mais, vu la situation politique de Kaboul, je m'inquiète de l'avenir de la maternité. En mai 2020, une maternité où œuvrait MSF a été attaquée, faisant vingt-quatre

1. EliseCare.

victimes. Pas rassurant. Je salue d'autant plus les volontaires, surtout les femmes médecins pakistanaises ou afghanes, et leur volonté farouche de faire le bien. Dans une situation qu'on a connue plus simple : là-bas, les femmes afghanes ne peuvent consulter pour elles ou leur enfant que si le mari donne son accord ; un médecin homme ne peut examiner une femme, etc. Malgré ces difficultés d'un autre siècle, comment rester les bras croisés devant tant de détresse ? Le retour des talibans a amené La Chaîne de l'espoir à exfiltrer une partie du personnel et à concentrer son action sur les enfants. L'avenir est plus qu'incertain pour cette structure médicale haute en couleur et en symboles.

# N

## Naissance

*« La chance d'être posté*
*au tout début de cette aventure. »*

Pourquoi cet attrait pour la naissance, moi qui, durant mes études médicales, n'ai jamais ressenti le moindre intérêt pour l'obstétrique ? Je peux même le confesser – depuis le temps, il y a prescription –, j'ai tout fait (dont quelques faux) pour éviter les trois gardes obligatoires en maternité que tout futur docteur se devait d'effectuer à l'époque. L'obstétrique ? Un truc de bonnes femmes qui crient pour accoucher, suivant l'adage « tu enfanteras dans la douleur ». Qu'est-ce qu'une blouse blanche pouvait y faire ? Moi, je me destinais à la traumatologie. On est dans la grande période guerre du Vietnam, Black Panthers, révoltes d'Amérique latine, « décolonisation »... Avec Bernard Kouchner et quelques autres de ses anciens amis médecins du Biafra, on est en train d'imaginer un système qui permette d'apporter nos compétences un peu partout dans le monde, ce qui deviendra Médecins sans frontières (voir chapitre précédent). L'urgence est donc de se former à… l'urgence et à la traumato. Je m'inscris d'abord en orthopédie. Sauf qu'après pas mal de hanches et de genoux remis à l'endroit, à coup d'écrous et de vis – que nous allons acheter au BHV –, peu passionné par la discipline, je suis fatigué du bricolage. Fini le « dur ». Va pour le « mou ». Le mou, ce sont le foie, l'estomac, la vessie, le rein… Et l'obstétrique. Bon. Il y a un service à l'hôpital Bichat. Pas emballé, j'y vais, ça me fera toujours un stage de chirurgie pelvienne en plus des accouchements, et puis c'est la période des IVG clandestines, ça titille un peu ma sensibilité. Donc je me retrouve à Bichat et, là, j'assiste à une scène que je n'ai jamais oubliée. Le chef de service, la taille cinglée d'un grand tablier tombant jusqu'au sol, comme c'est la coutume, me dit : « Toi, tu as déjà opéré, viens m'aider. » Nous nous lançons dans une césarienne de jumeaux. Il sort les bébés, de six cents et sept cents grammes, les donne à l'infirmière qui les pose à côté sur les étagères en carrelage ; les gosses, trop prématurés, font un bruit de lèvres qui s'étouffent – ça « gaspe », comme on dit. Soudain, le patron se met à taper du pied. « Mais où est-ce qu'il est ? Où est-ce qu'il est ? Appelez-le ! Vite ! » Moi je me dis, il doit attendre le néonatalogiste. Pas du tout, c'est le curé qui est requis ! Un curé en soutane qui se précipite pour donner l'extrême-onction. C'est mon premier jour, ma première césarienne. Je suis interloqué. Ce n'est pas possible !

Du coup, je regarde d'un peu plus près la spécialité. Je vois les femmes souffrir parce qu'il n'y a pas encore de péridurale. Je vois que l'appareil pour enregistrer le cœur du bébé est laissé dans un coin, que personne ne sait s'en servir, ce qui signifie des souffrances fœtales passées inaperçues : le Moyen Âge ! Or, ces mêmes années, des idées – dont celle de l'accouchement sans douleur qui date de 1955-1960 – commencent à circuler selon lesquelles on peut faire autrement. Des militants défendent une prise en charge de la femme, de sa douleur, par sa participation. Le grand mot d'ordre est : on souffre parce qu'on ne sait pas ce qui nous arrive ; il faut comprendre, apprendre à se maîtriser, s'aider de son souffle, etc. Des « modernités » dont, en ces années 1970, Bichat semble loin. D'accord, nous sommes bien avant la pratique de l'anesthésie péridurale, de l'échographie fœtale, des programmes antidouleur, des possibilités d'amniocentèse ou de surveillance électronique du cœur fœtal pendant les contractions utérines. Les progrès expliquent certains mieux. Mais je peux témoigner : il n'y avait pas non plus de considération envers les patientes comme aujourd'hui. Et je vous passe la tristesse, la vétusté et la saleté des locaux...

La naissance a terriblement changé. Sur tous les plans. Ne serait-ce que parce qu'elle est devenue, pour ceux qui le souhaitent, une affaire de couple : avant, l'homme était banni des salles d'accouchement. La médicalisation de la grossesse et de l'accouchement permet de diminuer les complications au profit d'une plus grande sécurité autant pour la mère que pour le nouveau-né. Échographistes, pédiatres, anesthésistes, psychologues pénètrent dans les maternités, ce qui favorise une médecine pluridisciplinaire plus humaine, et éthique. Rançon de ces apports : d'aucuns se plaignent désormais de l'excès de technicité qui parasiterait ces moments forts et uniques. Il faut les écouter avec attention. Dernièrement des professionnels de la naissance ont compris que certaines de leurs attitudes peuvent être vécues comme des violences faites aux femmes. Je pense aux épisiotomies systématiques, aux décisions unilatérales de déclenchement voire de césarienne, à tous les gestes qui sont faits sans explication et sans consentement explicite du couple. Les choses évoluent dans le bon sens. Obstétriciens, sages-femmes, pédiatres ont une approche plus ouverte, moins mandarinale. Encore faut-il que les couples, de leur côté, surtout pour un premier enfant, viennent aux séances d'information à la préparation à la naissance et à la parentalité, le plus sûr moyen d'être informé de la philosophie de l'équipe à laquelle on s'adresse. C'est donc une démarche des professionnels et de la patientèle qui doit se conjuguer. Mais la naissance, ce n'est pas qu'un protocole d'attitudes à favoriser ou non (couper le cordon, accoucher sur le côté ou sur les genoux, allaiter à la demande ou non...), c'est un chamboulement de la personnalité, et c'est ce chamboulement qu'il ne faut pas rater. Pour la femme, tout d'abord, dont le regard bascule lors de cet instant fugace où elle découvre le petit qu'elle portait dans son ventre, ce visage inconnu que les échographies, fort heureusement, n'ont pu lui révéler parfaitement. La rencontre est unique, et c'est le moment où pour beaucoup des images de la famille, vivante ou non, s'impriment fugacement sur le visage du nouveau-né illustrant la lignée d'où il est issu. Cette rencontre aujourd'hui est souvent partagée avec l'homme qui peut, s'il veut, assister à l'événement. L'émotion le saisit et c'est tous les deux qui, pour quelques instants, ont un visage qui chavire. Peu de gens ont le privilège de voir ce chavirement. Il faut être présent et à la fois assez distancié, c'est-à-dire ne pas être en responsabilité de l'accouchement, et aimer observer. Par ma formation, je me suis souvent posté au début de la vie, à ces minutes qui séparent l'inconnu de la naissance, lors de ces derniers efforts de poussée qui vont entraîner la rencontre. C'est cette connaissance du moment à venir qui me permet de regarder à cet instant précis les visages et les yeux de ces femmes et de ces hommes qui vont être submergés par un tsunami d'émotions. Tel un voleur d'âme, j'emmagasine ces instantanés dans ma mémoire. J'aurais adoré faire une exposition de photographies ne montrant que les yeux de la femme devenant mère et ceux de son compagnon devenant père, où l'on devinerait toute l'intensité de leur bouleversement. Le reste est factuel, parfois épique, dans la réalité des sueurs, des efforts musculaires, du sang, des membranes placentaires. Si certaines de ces visions peuvent être trop crues et laisser des traces indélébiles, le choc véritable est le choc émotionnel, ce choc intérieur qui restera indéfiniment dans la mémoire, quels que soient les lendemains qui suivront.

La différence entre la naissance et la mort, c'est que l'instant de la naissance est prévisible à quelques secondes près avant qu'il ne se réalise, alors que l'accompagnement d'un mourant le montre : il est très difficile de prévoir l'instant où la mort va frapper. Ces deux moments clés de l'existence se disputent la fragilité de l'être. J'ai toujours pensé que chaque naissance est une victoire sur la mort. La mort passée d'êtres chers, la mort injuste – mais peut-il y avoir une mort juste ? –, la mort qui parfois guette le nouveau-né, voire la mère, y compris dans nos sociétés et surtout, bien sûr, à l'échelle planétaire. La naissance n'est pas toujours joie, euphorie, elle peut s'accompagner d'une sensation d'échec, de raté, elle peut même être refusée si la mère n'est pas prête. Néanmoins, pour la majorité d'entre nous, cela ressemble à cette « épuisante splendeur », selon les mots du poète Édouard Glissant. Car quel miracle plus grand que l'engendrement ? Après avoir vu au microscope la création d'un embryon d'un dixième de millimètre puis l'apparition des images fœtales de quelques centimètres à l'échographie et, enfin, l'arrivée des trois kilos – en moyenne – d'un bébé, qu'il se présente par la tête, par la face, par les fesses, par les pieds, souvent unique, parfois en gémellité voire plus, j'avoue que le mystère reste entier. Ce continuum de vie interroge sur les forces qui le poussent à se développer inexorablement une fois qu'il est lancé. De même je suis fasciné par le pouvoir psychique. Souvent je m'amuse à dire à la parturiente ayant commencé son travail soit spontanément, soit de façon provoquée : « Ce serait bien que vous accouchiez à telle heure. Qu'en pensez-vous ? » Et, presque à tous les coups, elle accouche à l'heure souhaitée ! Pas de miracle. La conjonction d'un travail de suivi, d'un examen local, d'une connaissance de l'histoire de la patiente et d'une empathie réciproque. Le tout a beau être fondé sur un savoir, une expérience sûrement, je m'étonne que cela fonctionne… disons à 85 %. Le matin, je m'amuse à prédire à l'équipe de sages-femmes à quelle heure telle ou telle naissance surviendra.

C'est la source de nombreux paris entre nous, et de bien des satisfactions, comme si ensemble nous arrivions à convaincre le maître des horloges. En tout cas, cela montre l'importance des phénomènes non rationnels qui président à la venue au monde.

Alors, peut-on s'arrêter de prendre ce plaisir intense d'être un homme cigogne qui annonce la bonne nouvelle à celle qui ne s'y attend pas, à celle qui doute ou espère ? Peut-on renoncer à être un ange Gabriel (en blouse blanche), comme l'ont si bien représenté Fra Angelico et tant de peintres italiens ? Et renoncer à ne plus être là, neuf mois plus tard, au bout de la nuit utérine, pour contempler le regard de celle ou de celui qui découvre le fruit des entrailles ? Plusieurs milliers de naissances à mon actif et j'arrêterais de mon plein gré ? Pas simple. Mais il faut raison garder, ne pas outrepasser les forces, la responsabilité, la disponibilité que cela requiert. Tout doucement le dernier des accouchements pointera. Je saurai que ce sera le dernier bien plus tard parce qu'il n'y en aura pas d'autres…

# O

## Ombres

*« Qui n'a pas vu les cerisiers en fleurs,*
*se doit de faire le voyage. »*

« Tu devrais lire *Éloge de l'ombre*, de Jun'ichirō Tanizaki, pour te mettre dans l'ambiance », me conseille un ami avant mon départ. Ce livre paru en 1933 défend les bases d'une esthétique japonaise envoûtante. Un livre, comme une invitation à s'initier en douceur aux arcanes d'un pays fascinant et pour moi encore inconnu. Nous sommes en 1996, l'occasion d'un congrès médical international à Kyoto va m'aider à combler cette lacune. À peine arrivé, je me perds dans la ville, volontairement, décidé à me laisser engloutir par les différences. Dans le bus, que j'attrape devant l'hôtel, je les ressens, fortement, naturellement ; bien avant le fossé du langage, il y a ces regards qui immanquablement vous rappellent votre physique autre, occidental.

Peu de sous-titres anglais à l'époque, aucun point de repère, et c'est ce qui me plaît. Il faut croire que cette attirance pour la nouveauté n'est pas la chose la mieux partagée : alors que je me réjouis de répondre à l'invitation à dîner du responsable de la délégation française dans un grand restaurant japonais, la majorité de mes compatriotes congressistes choisissent une table… française. Inutile de discuter avec eux, je leur fais faux bond. Un manque de curiosité, et de tact, qui me convainc d'user de mes prochaines heures de loisir en solitaire. À moi, les divagations riches en images, en rencontres, place à mon petit *Lost in translation* nippon.

Le congrès terminé, je choisis de me rendre le dimanche dans l'un des plus grands parcs d'attractions proches de la capitale. Je prends le train, ou plutôt le tortillard, qui me conduit juste à l'entrée. Mais il y a une telle foule massée devant les guichets que je change d'idée. Et si j'allais voir ce musée dont j'ai aperçu chemin faisant l'indication (en anglais, pour une fois) ? Je fais demi-tour. Bien m'en a pris : des heures délicieuses m'attendent. Le bonheur de découvrir au cœur des montagnes le musée de Hakone, avec ses sculptures en plein air plantées au milieu d'une nature infinie – ce qui est rare au Japon. Plus de cent sculpteurs, japonais comme étrangers, parmi les plus célèbres. Henri Moore comme Picasso y dialoguent avec Bukichi Inoue ou Masayuki Nagare. Je savoure chaque minute de cette découverte. La surprise, la beauté, l'émotion me font monter des larmes de bonheur. Ivre, c'est le mot, de tant de sensations fortes, je m'enfonce dans la forêt avoisinante. Et me perds là encore. Après quelques indications contradictoires des rares marcheurs japonais croisés, je trouve enfin un hôtel-restaurant au milieu de nulle part. J'ai faim. Je m'attable – par prudence, je choisis des sièges à l'européenne ; manger en tailleur n'est pas mon fort – et désigne de la main le plat souhaité faute de menu traduit. Des prospectus de l'établissement me font comprendre que je peux aussi bénéficier du *onsen*. Quelques minutes plus tard, me voilà nu avec une petite serviette autour de la taille, me récurant des pieds à la tête dans la salle de vapeur chaude qui précède les bains naturels d'eau volcanique en plein air. Car il s'agit d'être propre avant de rencontrer cette nature paradisiaque. Même si ce paradis est voilé d'un nuage : les hommes et les femmes y sont séparés. Propre comme un sou neuf, ramolli par la chaleur de l'eau, je regarde, fasciné, au sein de cette immensité végétale, mes voisins d'ablution, deux Japonais immobiles, les yeux mi-clos, le regard intérieur en élévation, dégageant une sérénité extrême. Quelle situation étrange. Fragilisé par la nudité et par la nouveauté du lieu, je ressens en moi force et vertige. À l'aune de ce pays du Levant qui conjugue extrême modernité et histoire millénaire. Sans doute les vapeurs d'eau chaude contribuent-elles à troubler mes pensées. Je revois le Kanamara matsuri, cette fête shinto de la fertilité au sanctuaire de Kanayama, placée sous le symbole du phallus, dont trois exemplaires, un en bois, un en fer noir et un géant tout rose, sont sortis du temple une fois par an pour être portés par des hommes, certains déguisés en femmes. Je repense aux grands classiques du cinéma japonais : *Les Sept Samouraïs*, *L'Intendant Sansho*, *Rashōmon*, *Les Contes de la lune vague après la pluie*, et surtout au chef-d'œuvre d'Akira Kurosawa, *Barberousse*, sorti en 1965, film que tout aspirant médecin doit voir – il est d'ailleurs souvent projeté dans les facultés de médecine – tant il parle justement de la vocation et de l'éthique médicales, et n'a pas pris une ride.

Rochers, arbres, végétation, bruit de l'eau, créations artistiques, nourriture savoureuse aux ingrédients dont j'ignore le nom, montagnes dominées d'un lointain mont Fuji recouvert de neige, sans brume, pour une fois, masquant son sommet… Je suis ailleurs et je suis bien. Les jardins de Kyoto, le temple des Mille Mousses, les jardins zen aux petits cailloux ratissés d'une parfaite régularité, le respect des chauffeurs de taxi en gants blancs et casquette, les contrôleurs de train saluant les passagers avant et après le contrôle de leur titre de transport, la façon d'accompagner la vie des vieux arbres, l'art de composer les bouquets de fleurs (l'ikebana), la permanence de la tradition au côté d'un progressisme déroutant, riche en robots et performances informatiques, tout cela interroge, subjugue.

Artistiquement, la sensibilité japonaise entre en résonance avec les œuvres de Monique Frydman. Plusieurs fois, elle viendra exposer à Tokyo, à Kanazawa, ville qui évoque *La Grande Vague de Kanazawa*, l'estampe célèbre de Hokusai (1830). En 2004, un important musée d'art contemporain y a ouvert ses portes. Sept ans plus tard, j'y ai accompagné Monique à l'occasion de son exposition en solo. J'ai été frappé par la précision, la délicatesse de l'équipe organisatrice, par l'attention portée aux indications et aux volontés de l'artiste. Il faut dire que ce pays sait les reconnaître et les promouvoir. On le comprend encore mieux quand on assiste, comme nous avons eu la chance de le faire, à la remise des prix honorant chaque année les trésors nationaux vivants. Une cérémonie officielle dans le but de rendre hommage aux gardiens de biens culturels, œuvres artistiques plastiques mais aussi musicales ou dramatiques.

Un aspect reste problématique au Japon, c'est le statut des femmes, vouées à la seule sphère familiale à défaut d'épanouissement professionnel, voire personnel. Quoique. J'ai pu constater des signes encourageants. Par exemple, dans cette clinique de fécondation *in vitro* ultramoderne d'Osaka dirigée par un staff féminin. L'accent est mis sur une prise en charge holistique de la personne ; les patientes ne sont pas considérées comme des machines à produire des ovules, on prête une attention particulière à leur façon de vivre, on leur propose toute une panoplie d'activités ou d'approches qui facilitent le traitement : yoga, diététique, écoute psychologique, mise en garde sur les produits ou éléments toxiques, danse du ventre ou autre activité physique afin d'améliorer la circulation sanguine ovarienne. Cette idée de jouer ainsi sur l'environnement se développe, et j'espère pouvoir bientôt conseiller un centre similaire à Paris.

Parfois, nostalgique, je me passe un kimono indigo, me livre à ma propre cérémonie du thé. Et je me fais défiler de belles images, surtout de la nature nippone, car qui n'a pas vu les cerisiers en fleur se doit de faire le voyage.

# P

## Peintre

*« Vivre avec une peintre,*
*c'est partager ses angoisses*
*devant la toile vierge. »*

Une vision, quelques mots d'une pensée originale, quelques attitudes philosophiques, et c'est le coup de foudre. Avec la certitude de mes vingt ans, je sais que c'est elle qui m'accompagnera dans la vie. Elle a vingt ans elle aussi et elle est étudiante aux Beaux-Arts. Les Beaux-Arts ! Cela fait bien dans mon univers relationnel, même si j'ignore à peu près tout de ce que cela sous-entend. La littérature, oui, ça me parle, la musique encore plus, mais la peinture, à part quelques notions sur les surréalistes… Cela dit, durant cet été de vacances avec d'autres étudiants de l'UEC, la question de nos vocations ne se pose pas encore. Nous sommes cinq ans avant 1968, avides de brûler notre jeunesse, de nous détendre et plus si affinités. Il faut dire qu'elle en jette, Monique. Sa démarche dans les criques de Sardaigne donne le tournis. Grande brune, belle des yeux aux chevilles, et avec l'accent du soleil en plus. Elle habite Toulouse. Mes amis me disent : « Laisse tomber, ça ne marchera jamais ! » (En fait tous espéraient tenter leur chance.) Attirés l'un par l'autre, nous déciderons par la suite d'abolir les distances au moindre prétexte : vacances scolaires, manifestations nationales, Fête de l'Humanité… tout est bon pour se retrouver. Moins d'un an après notre coup de foudre sarde, elle m'invite à découvrir la Ville rose, où elle a vécu ses vingt premières années. Son monde, sa maison, sa sœur. Souvenir délicieux pour l'étudiant parisien que j'étais : l'attendre à la sortie des Beaux-Arts au bord de la Garonne, en face de Saint-Cyprien, son grand carton à dessin sous le bras… Même si je m'intéresse alors plus à elle qu'à ses dessins ou à son désir de peindre. Un désir qu'elle avait réussi à faire accepter de sa famille. Plutôt rare à l'époque. La majorité des parents estimaient que la peinture n'était pas faite pour les filles, ces dernières devant s'adonner à un passe-temps « féminin » en attente du bien-aimé dont elle tiendrait la maison et élèverait la ribambelle d'enfants. Dans notre foyer, à sept ans de distance – la même différence qu'avec mon frère Guy –, deux garçons merveilleux, aux personnalités très différentes, viendront agrémenter notre vie conjugale mais Monique n'arrêtera pas pour autant de militer et d'enseigner le dessin.

Sa dernière année d'études, elle la suit à Paris. Mai 1968 y embrase les Beaux-Arts. Monique est aux premières loges. On y confectionne certaines des affiches révolutionnaires, comme celle avec le fameux slogan « Sous les pavés la plage ». En peinture, c'est la grande période du pop art américain. Roy Lichtenstein, Claes Oldenburg, Robert Rauschenberg, Andy Warhol… Des modèles qui l'incitent à créer des tableaux figuratifs – footballeurs américains, sujets politiques, comme le traité de Yalta… – qu'au moins, eux, je comprends sans difficulté. C'est aussi l'époque où l'Amérique est honnie et où la question « pourquoi peindre ? » taraude beaucoup d'artistes engagés. Monique elle-même range ses pinceaux mais continue à enseigner dans différents lycées autour de Paris. Ce qui arrange bien les finances du ménage. Parallèlement, elle s'enthousiasme pour le théâtre militant, dans la veine du *Bread and Puppet Theatre*[1]. Elle se produit à la sortie des usines Renault de Flins avec Hélène Bleskine, suivie par des lycéens de terminale fascinés par ces deux égéries. Comment stimuler, interpeller, montrer les injustices, les exploitations ? Entre deux périodes d'alphabétisation bénévole, elle initie

1. The Bread and Puppet Theatre est une compagnie de théâtre et de marionnettes progressiste fondée en 1962 par Peter Schumann, qui s'inscrit dans le mouvement radical américain.

toutes sortes de défilés culturels. À Nancy, en 1969, elle anime un spectacle vivant, façon théâtre de rue, avec quelques-uns de ses grands et hallucinants dessins. Elle m'assigne le rôle de conducteur du camion musical censé entraîner les foules, qui transportait les grandes poupées qu'elle avait confectionnées. Mais les fins de défilés peuvent être dangereuses. Des casseurs, quelques dégâts, et voilà le camionneur que je suis en prison ! Libéré au bout de quelques heures par ma belle qui a remué ciel et terre pour y parvenir. Persuasive, ma dulcinée : la place Stanislas était noire de monde scandant : « Libérez le camionneur ! Libérez le camionneur ! » Avec cette menace : pas de reprise du festival si je n'étais pas de retour au volant…

Ces années-là sont aussi celles de la réflexion sur le féminisme, la psychanalyse, l'art. Les écrits sur la peinture, que ce soit ceux de Kandinsky, Bonnard, Matisse ou les correspondances de Van Gogh, vont alimenter les braises. Bientôt, chez Monique, une éclosion va se faire. Une envie de s'exprimer, de créer à nouveau. Elle explose sous forme de dessins audacieux avec représentations d'un corps féminin glorieux et impossible, démembré et concentré à l'essentiel. Nous approchons des années 1980 et, dans son atelier où sont accrochés ses dessins transgressifs et autres créations d'avant-garde, une partie de l'intelligentsia parisienne – Philippe Sollers, Viviane Forrester, Catherine Francblin, Catherine

Millet… – se rassemble. Écrits et conversations d'atelier ont été publiés en 2019 dans un livre, *Le Temps de peindre*[2], complété par une exposition de ses dessins en septembre-octobre 2021 dans une galerie de l'île Saint-Louis[3].

Je la connais trop bien pour ne pas le mesurer : la peinture lui est chevillée au cœur. Monique devient une artiste de la couleur et de l'abstraction. On peut découvrir ses œuvres dans différents endroits, comme le musée Matisse de Nice, celui de Caen, les Abattoirs de Toulouse, le centre Pompidou, sans oublier le Louvre où elle a exposé, dans le magnifique Salon carré, un *Polyptyque Sassetta* en référence au peintre siennois du XVe siècle. Ses œuvres aux pigments habités voyagent en Europe, au Japon, en Australie, aux États-Unis. Ce qui me frappe le plus, c'est cette persévérance, cette fraîcheur dans la recherche, dans le développement de son expression. Sous l'influence d'Agnès Martin, de Joan Mitchell, de Mark Rothko ou de Barnett Newman. Qu'il s'agisse d'immenses ou de petits tableaux, j'y trouve ce message de sérénité qu'on a tant de mal à partager. Parfois, dans le grand atelier qu'elle a fait construire au milieu de la verdure près de Paris, je m'endors assis dans un fauteuil sous le choc de cette présence picturale. « Votre tableau

2. L'Atelier contemporain, 2019.
3. *My Perfect Body*, Galerie Dutko.

m'incite à vivre et me donne du courage », lui ont dit plusieurs personnes sous le charme. Je n'aime pas trop le langage des critiques d'art sauf quand ils laissent parler leurs émotions. Je préfère celui des poètes comme Edmond Jabès et d'autres qui, autour de son travail, ont su trouver les mots justes pour traduire leur ressenti.

Je suis frappé par nos différences. Moi, constamment sollicité dans mon métier, inséré dans le social, elle, vibrante dans sa solitude, si nécessaire pour peindre. On n'entre pas comme ça dans un atelier d'artiste, particulièrement dans celui de Monique Frydman. Le maniement des pigments, leur agencement, la palette portent à la méditation. Pour qui veut bien observer, c'est une peinture de l'âme. Une peinture arc-en-ciel, avec ses périodes, ses séries, ses couleurs, ses moments. Et cette incessante répétition du thème visant à saisir une impossible perfection. C'est là qu'on s'aperçoit qu'il n'y a pas *une* perfection mais *des* perfections, car la peinture est un jeu de regards, un dialogue particulier entre un tableau et un observateur sensible. Le plus surprenant, c'est quand le peintre lui-même redécouvre, s'extasie sur une toile ancienne, mise au rebut car il l'avait jugée inachevée. Il y a parfois des décalages du temps. Ce qui semble évident et éclatant à une époque n'aurait pu l'être avant, ne le sera pas après. Mystère de la création. Tout comme sa rapidité à peindre un tableau alors que la gestation de la série peut être longue. La préparation mentale entre aussi dans le temps de peindre. Vivre avec une peintre, c'est partager ses questionnements, ses angoisses devant la toile vierge. C'est aussi recevoir des ondes qui convoquent l'histoire de la peinture, la puissance d'une création, et rassurent sur l'avenir : quoi qu'il advienne, l'œuvre créatrice demeurera.

De notre rencontre, j'ai tiré et je tire tant de bénéfices. Ce monde inconnu, cette volonté farouche. Un échange permanent entre nous, sans filtre, centré sur la recherche de l'essentiel. Les routes ne sont jamais tracées une fois pour toutes dans un couple. Il faut souvent se réinventer, emprunter de nouveaux tournants mais garder toujours en point de mire cette volonté d'atteindre le sublime. La peinture de Monique Frydman me permet d'aborder le sens fondamental de la vie. Et parfois de toucher du doigt une sérénité qui ne cesse de me surprendre.

# Q

## QG

*« Voyage insolite en Égypte. »*

Ponctuels, les deux attachés de l'ambassade libyenne se présentent à mon bureau hospitalier. L'un d'eux, assez trapu, à la mine renfrognée pour ne pas dire plus, a une main articulée d'où jaillit une pince métallique. Un petit cliquetis accompagne chacun de ses mouvements. Curieux personnage. Curieuse situation. Je me demande d'ailleurs ce qui m'a pris d'accepter cette entrevue. « Voilà, professeur, commence le quasi-manchot, nous souhaitons vous inviter en septembre 1996 à Tripoli pour donner une conférence médicale sur les problèmes d'infertilité. Nous nous chargeons de tout. Une voiture viendra vous chercher à votre domicile, vous amènera à l'aéroport en avion privé et vous resterez deux ou trois jours dans notre capitale. » L'énoncé du programme, le ton du commanditaire me font penser à ces scènes de films où des berlines noires exfiltrent ni vu ni connu, dans la nuit de Moscou, de soi-disant dissidents russes. Bien sûr, dis-je. Mais qui m'invite ? La Société libyenne de gynécologie obstétrique ? Une faculté ? Un hôpital ? Embarras de mes interlocuteurs. « C'est le colonel Kadhafi lui-même qui vous invite. Il souhaiterait à cette occasion que vous examiniez deux ou trois patientes qui souffrent de problèmes d'infertilité. » Alors là, ce n'est pas pareil, si c'est une consultation particulière, il n'y a aucun problème, en tant que médecin, je soigne tout le monde. Quelle que soit la religion de mes patients bien sûr, même si à la différence de moi ils ne sont pas juifs. À ces mots, les deux envoyés se lèvent brutalement, accompagnés d'un bruit de ferraille, et mettent fin à la conversation. Je ne découvrirai pas le harem de Kadhafi ni ce pays au passé pour moi mystérieux.

J'en ai découvert d'autres. Et répondu à plusieurs invitations dans les pays arabes ou africains qui se sont très bien passées. Ainsi, dans les années 1990, j'ai reçu une lettre du QG de l'hôpital militaire d'Alexandrie, en Égypte. Le directeur, un médecin-colonel, voulait un centre de FIV. Il avait reçu de quoi monter le laboratoire, du microscope à la hotte à flux laminaire en passant par la table anti-vibration, à moi de leur déchiffrer le mode d'emploi. Je décide de faire le voyage avec le plus jeune de mes deux fils, alors âgé de douze ans, avec l'idée qu'une fois mon labeur terminé, nous pousserions jusqu'aux pyramides, voire jusqu'au palais de la reine Hatchepsout à Louxor.

À l'atterrissage, dès le bas de la passerelle, des soldats nous prennent en charge. À nous le circuit super VIP, évitant contrôles et tracasseries. Installés à l'arrière d'une voiture militaire, nous roulons vers la mythique Alexandrie, célèbre pour son impressionnante bibliothèque maintenant reconstruite et son phare classé parmi les Sept Merveilles du monde. Sur la route, un panneau « el-Fayoum » me fait penser aux fameux portraits funéraires de l'Égypte romaine, dits « du Fayoum ». Il ne doit plus rester grand-chose sur place mais on peut admirer ces peintures sur bois dans nombre de musées européens : elles sont si expressives que l'on croit voir revivre ces momies datant pourtant d'avant le christianisme. Il est trois heures de l'après-midi quand nous sommes accueillis sous un soleil brûlant par l'état-major en tenue qui nous conduit vers le mess pour que nous nous désaltérions. Alors que nous nous y rendons, j'aperçois dans la cour une centaine d'hommes et de femmes en civil tassés dans un coin. Histoire de faire la conversation, je m'enquiers de ce que font ces gens dans une enceinte militaire. « Mais docteur, c'est pour votre consultation ! » Comment ?! Mais ce n'était pas prévu, ça ! « Ces braves gens ont su que vous arriviez, poursuit mon interlocuteur, certains ont fait des heures de route à pied… » *Damned*, voilà donc la future patientèle du centre de stérilité ! Le temps de boire un nouveau verre d'eau et de réaliser la situation, je leur propose une opération commando : constituer quatre blocs de consultation, dégoter autant de médecins militaires qui puissent me traduire chaque cas en anglais. Moi, je passerai d'un box à l'autre. Les militaires font installer les femmes sur les tables gynécologiques de chaque bloc au cas où je veuille les examiner. La scène est insolite, surtout pour moi qui aime prendre mon temps afin de découvrir les us et coutumes de chaque couple en désir d'enfant. Les femmes – avec lesquelles déjà il n'y a pas de dialogue possible sans interprète – sont drapées de noir, le visage totalement voilé, les bras et les mains gantés, les jambes relevées, le sexe à l'air et rasé, en attente d'un éventuel toucher vaginal. L'antithèse de ma façon de faire. Mais l'heure n'est pas à finasser. Il faut agir. Et comme ça risque d'être long, je leur demande s'ils peuvent emmener mon fiston faire un tour d'Alexandrie, histoire de l'occuper. Trois jeunes militaires se proposent, réjouis de l'aubaine. Un chauffeur, deux gardes du corps, et les voilà partis pour l'aventure. Je continue ma gynécologie à la chaîne. Quand j'en termine avec ma dernière patiente, il est une heure du matin. Épuisé mais heureux. La nuit commence, mais quelle nuit. En été, il fait tellement chaud à Alexandrie que les commerces n'ouvrent pas avant vingt-deux ou vingt-trois heures. Sous les lampions, les étals de boucherie rivalisent avec ceux des fruits et légumes. Le bord de mer, bordé de vieux immeubles au charme fou, est plein de promeneurs. On dirait une espèce de Croisette orientale. Toute proche, la synagogue Éliyahu Hanavy (du prophète Élie), la plus grande – hors Israël – du Moyen-Orient. Imposante mais vide, fermée, et sous protection militaire. Le port fait alors l'objet de fouilles sous-marines. On commence à récupérer des vestiges, peut-être une partie de la statue de Ptolémée, une partie du phare, ou autre. Toujours entourés de militaires jeunes et joyeux, mon fils et moi-même sommes raccompagnés à l'hôtel, heureux de ce plongeon dans le passé et de ces rencontres chaleureuses. Demain matin ? Devinez. Piscine pour Raphaël ; pour moi, le QG des forces armées. Nous réussirons à nous échapper le surlendemain. À nous les pyramides, la vallée des Reines et le palais d'Hatchepsout !

# R

## Ravet

*« Carnaval et crocodile. »*

Le ravet, c'est le nom créole des blattes, cancrelats et cafards. J'ai fait la connaissance de ces bestioles lors d'un déplacement en Guyane. J'étais chargé de raccompagner chez elle une patiente guyanaise qui avait été opérée d'un cancer du côlon à l'hôpital de Villejuif, où j'étais interne. J'étais ravi. À part l'île du Diable, où le capitaine Dreyfus, accusé à tort de trahison, avait été emprisonné, et le bagne popularisé en 1969 par *Papillon*, best-seller d'Henri Charrière, dont certains aspects plus tard ont été jugés largement romancés, je ne connaissais pas grand-chose de cette France du bout du monde. Après un vol de dix heures où je tenais mon rôle d'infirmier à l'arrière de l'avion équipé pour transporter la patiente alitée, donc n'ayant pas dormi, je débarque à Cayenne en milieu de journée sous un cagnard bien tassé. Hâte de me reposer à l'internat. Nous sommes en février 1973 et, surprise, c'est le dernier jour du carnaval, traditionnellement le mercredi des Cendres. Chacun donne son maximum pour boucler ces semaines de festivité, le carnaval guyanais étant l'un des plus longs du monde. Ce mercredi-là, il faut en garder plein les yeux, plein le corps pour tenir jusqu'à l'année suivante. À peine le temps de croquer un morceau et me voilà embarqué par mes collègues internes dans les rues de la capitale. Une foule en liesse se livre aux « vidés » (ainsi nommé le fait de vider les lieux et d'entraîner tout le monde à l'extérieur) derrière des camions transformés en chars musicaux avec orchestres aux rythmes frénétiques. Je découvre les Touloulou, personnages typiques du carnaval guyanais, reines du carnaval, élégantes de la tête aux pieds, habillées de jupons, masques, gants, ne laissant voir aucune partie de leur corps, pas le moindre centimètre de peau. Impossible de deviner qui se cache sous le déguisement. Gare aux surprises et aux déconvenues… Éreinté, éméché, je rentre au petit matin à la salle de garde pour me restaurer. Et là, dans la cuisine, je tombe sur les fameux ravets ! Oubliez les petits cafards métropolitains, ces bêtes-là sont de taille beaucoup plus imposante. Elles grouillent partout, sur les reliefs de nourriture du midi comme dans le frigo qu'innocemment j'ouvre pour trouver une boisson fraîche. Même le froid, modeste au demeurant, ne les rebute pas. L'appétit coupé, je vais m'allonger quand deux confrères m'invitent à les accompagner dès le lever du soleil à Saint-Laurent-du-Maroni, ville où ils sont nommés et attendus pour travailler le surlendemain. Si je veux en profiter pour découvrir la ville… Que faire ? J'aurais bien aimé me reposer, mais de telles occasions sont trop rares, j'accepte. Et puis il ne s'agit que de deux cent cinquante kilomètres. À vol d'oiseau. En voiture nous mettrons une bonne journée. Routes chaotiques, surtout quand on s'éloigne du futur Kourou et de sa zone de lancement des fusées Ariane, absence de ponts qui nous oblige à prendre des bacs pour franchir les rivières. Enfin, nous voilà à l'hôpital, où une chambre d'hôte nous attend. La nuit tombe vite, il fait noir, très noir. Idéal pour dormir, non ? Sauf que dans la salle de garde, c'est le branle-bas de combat, les internes se préparent à la chasse aux crocodiles ! Je n'ai évidemment jamais goûté à ce sport, mais comment refuser ? Me voilà affublé de bottes, chapeau, imper, mais sans lampe frontale. Or, chers lecteurs, la chasse aux crocodiles se pratique avec cette lampe qui éclaire les marais où marinent ces gros reptiles. Lorsqu'on aperçoit deux taches rouges affleurer à la surface de l'eau, il n'y a plus – façon de parler – qu'à prendre un fusil et à tirer entre les deux rougeurs. Donc pas de lampe pour moi, qui n'étais pas prévu, pas de fusil non plus. Il pleut comme il pleut dans ces pays, c'est-à-dire beaucoup. Il fait chaud comme il fait chaud dans ces pays, c'est-à-dire très chaud, et que dire sous un imper plastifié. Le tout dans la nuit la plus sombre, hantée de bruits bizarres. Sacré dépaysement. Pour avancer il me faut marcher dans les pas d'un camarade « éclairant », sentir ses faits et gestes dans la gadoue, cheminer prudemment sur les sentes étroites en bordure des marais... à la recherche des yeux écarlates. Arrivé sur un tas de bois qui fait office de pont entre deux rives, j'ai beau faire le plus possible corps avec celui qui m'éclaire, je ne vois pas grand-chose et plouf ! glisse sur le tronc humide. Je pousse un cri tel qu'immédiatement les lampes frontales convergent sur ma personne. Chacun est témoin de cette chose incroyable : chutant lourdement dans cette boue marécageuse, qui aurait dû me lester, je rebondis comme un diable sautant d'un trampoline. Je confirme : la peur donne des ailes. Où ai-je trouvé le ressort pour échapper à cette fosse ténébreuse, peut-être pleine d'yeux rouges, je ne sais. Boueux mais en vie, je me recolle à mon « éclairant » ; les têtes lumineuses se retournent vers l'avant, reprenant leur marche prudemment, encore plus soucieuses de ne pas m'imiter. La fin de l'expédition est un peu compliquée pour votre serviteur : mes bottes sont pleines de fange bien sûr, mais aussi de sangsues et autres bestioles clandestines... Je suis le groupe tant bien que mal. Nous arrivons bredouilles à l'hôpital au milieu de la nuit. Titubant de fatigue, je me précipite sous la douche, espérant que le jet d'eau chaude me régénère un peu. Quand j'en ressors nu comme un ver, je tombe nez à nez avec un crocodile la gueule largement ouverte ! Hurlement de détresse ! Auquel répondent les rires des carabins tout contents de m'avoir joué ce mauvais tour. Je retrouve mes esprits et comprends qu'il s'agit d'un jeune et peu agressif crocodile extirpé du coin de l'internat où mes confrères en élèvent. Mais bon, mettez-vous à ma place, ça surprend… et puis la nudité rend fragile.

Ensuite ? Eh bien, je dors ! Me voilà tout frais le lendemain pour visiter le bagne, enfin ce qu'il en reste, rongé par l'humidité et la végétation. Fermé officiellement depuis 1938, il a continué à abriter les prisonniers finissant leur peine jusqu'en 1963. Quelques anciens bagnards tiennent encore des boutiques de coffrets de papillons épinglés ou de peaux de serpent, entre autres souvenirs locaux. Je voulais voir la nature ? Je suis servi. À bord d'un canot à moteur, nous sommes un petit groupe à naviguer sur le Maroni jusqu'à Maripasoula, village mythique pour les Indiens où les descendants de nègres marrons – ceux qui se sont échappés vers la liberté – vendent des sculptures peintes en bois dans des huttes au bord du fleuve. La nature luxuriante, les paysages… Inoubliable. Comme la célèbre place des Palmistes de Cayenne. J'ai découvert aussi ce qui est toujours d'actualité, le sous-équipement médical, et les liens, pas toujours simples, avec le Brésil si proche ou les orpailleurs clandestins du Surinam. Je me souviens de mon étonnement d'entendre la population autochtone parler néerlandais, alors qu'il devait paraître tout aussi étrange aux Hollandais d'entendre les Guyanais de souche parler le français.

# S

## Soumoulou

*« Mes parents protégés par des Justes. »*

« Sou… quoi ? » À tous les coups, j'y ai droit. Dès qu'on me demande : « Où êtes-vous né ? » et que je réponds « à Soumoulou ». La perplexité se dessine soudain sur le visage de mon interlocuteur, assailli par des visions d'Afrique. Sauf que je suis né en Gascogne occitane, le 3 novembre 1943, à Soumoulou, petit village béarnais situé à seize kilomètres de Pau. Dans des conditions qu'on aurait pu rêver plus sereines. Mon père, Pierre, et ma mère, Lalie, juifs polonais, s'y sont réfugiés en 1941. Depuis Paris, où ils s'étaient installés peu après la naissance de mon frère Guy cinq ans plus tôt. Durant l'exode, en juin 1940, ils avaient pris la route en catastrophe pour se poser un temps à Lyon, puis à Pau. Mais quand les Allemands ont occupé la zone libre en novembre 1942, ils ont jugé préférable de se réfugier à la campagne. Pourquoi pas à Soumoulou, distant de quelques kilomètres, mille cinq cents âmes aujourd'hui, sans doute deux ou trois cents à l'époque ? À la descente du car, ma mère, complètement paumée mais qui avait appris le français à l'école en Pologne, s'est adressée à la première Soumouloise rencontrée, la cheffe de la gare routière, pour lui demander où elle pouvait trouver un logement. « Mais venez chez nous ! » lui répond celle-ci spontanément. Premier miracle. Cette femme d'exception se nommait Marie Cazenave. Elle et son mari Jean cacheront pendant plus de deux ans mes parents, plaçant ma mère et Guy chez les Duranton, qui logeaient dans l'appartement mitoyen, déplaçant mon père d'un endroit à un autre en fonction de la menace. Les juifs étrangers étaient visés en priorité, or mon père avait un passeport britannique. Oui : compliqué. Je résume. Mon père était bel et bien né en Pologne, comme son père et son grand-père avant lui – je n'ai pu remonter plus haut –, mais il a quitté son pays en 1921 à quinze ans. Beaucoup sont partis à cette période-là. Antisémitisme ambiant ? Sans doute, mais surtout absence de perspective souriante, d'autant que les juifs polonais devaient effectuer un long service militaire. Ses trois frères et sa sœur l'avaient précédé. Ils étaient déjà à Paris. Lui voulait aller en Palestine mais il s'est arrêté d'abord à Vienne quelques mois. Déjà, le temps de la quarantaine, et surtout celui d'avoir l'âge requis par l'Agence juive pour pouvoir partir. Ne pas oublier que nous sommes cinq ans après la déclaration Balfour, du nom de ce ministre britannique des Affaires étrangères qui a décidé que son gouvernement soutiendrait l'établissement d'un foyer juif en Palestine. Il survit, des journaux coincés entre ses vêtements pour se protéger du froid, en aidant les migrants de l'Est à porter leurs valises, les conduire à l'hôtel…

Le voilà enfin en Palestine, la Terre promise. Il trouve un job au port de Haïfa, où il est chargé de reconnaître les différentes essences de bois. C'est qu'il connaît le bois : son père – mon grand-père – était régisseur de forêts en Pologne. Mais comme ses frères à Paris développent bien leur petit business d'artisanat de coupe et couture du cuir, ils lui proposent de venir travailler avec eux. Il repart de Palestine (avec son passeport britannique) et découvre Paris dans les années 1930, coupe, coud, colle, sauf que l'odeur du cuir l'indispose. Il rejoint l'atelier d'amis, les Handelsman, qui confectionnent des tricots. Des matières plus douces pour une suite plus tendre : l'épouse de M. Handelsman avait une sœur, et cette sœur se prénommait Lalie. Voilà. Cupidon. Chabadada. Pierre et Lalie tombent amoureux. Quand je regarde les photos d'époque, je comprends mon père. C'est qu'elle était belle, Lalie. Douce, un regard profond. Et puis travailleuse, œuvrant sans relâche à l'atelier. Ses mains habiles faisaient des merveilles aussi bien pour coudre que préparer des repas trois étoiles. Intellectuelle par ailleurs, elle adorait lire des romans en français. Distinguée, je l'aurais bien vue comtesse, acceptant les hommages de ses invités. Ma mère aimait recevoir, parée de belles toilettes, autour d'une belle table avec de la vaisselle choisie. Elle avait le sens des grandes fêtes familiales, illuminées et joyeuses. Le point d'orgue étant lorsqu'elle ouvrait le bal avec l'un de ses fils. Un hymne à la vie quand on a traversé de si sombres années.

Lalie devient Mme Frydman en août 1933. Et Pierre décide de faire connaître Israël, pardon, la Palestine, à sa belle. Ils y partent en 1934. Cette fois Pierre va assurer leur quotidien en devenant chauffeur d'autobus sur la ligne Tel-Aviv-Jaffa. Les mois passent, ma mère apprend qu'elle est enceinte en 1935. Mais le climat est à l'orage, il y a des révoltes arabes, elle préfère reprendre le bateau pour Paris, vivre sa première maternité auprès des siens. Pierre la rejoindra plus tard. Elle embarque seule sur *Le Patria* et, le 21 janvier 1936, devant le port d'Alexandrie, accouche sur le bateau ! Mon frère, un temps, sera prénommé Auguste, comme le capitaine du cargo, mais finalement on préférera l'appeler Guy… Papa découvrira son fils à Paris au printemps suivant. Un printemps plein de promesses : le Front populaire, les premiers congés payés. Leur vie est modeste – ils travaillent dans un petit appartement près de la Bastille ; deux pièces pour l'atelier de tricot, une pour vivre – mais ils sont jeunes, tout leur semble possible. Pas une seconde, ils ne pensent au grotesque petit bonhomme moustachu qui enflamme l'Allemagne. L'Anschluss ne les alerte pas. N'a-t-on pas parlé de paix à Munich ?

Et Soumoulou, direz-vous ? Patience, on y arrive. Car quand la guerre éclate, mon père, fort de son expérience de chauffeur, va être chargé de conduire les camions pour la Défense civile. Avec sa femme et son fils Guy, ils pourront ainsi s'installer en zone libre à Lyon, à Pau et… à Soumoulou. Protégés par les Duranton et les Cazenave, dans une petite maison toute simple au cœur du bourg. Juste en face de la gendarmerie. Souvent, le soir, le commandant venait taper le carton et lançait, mine de rien, entre deux plis : « Ah, j'ai encore reçu un ordre de réquisition ! Demain, il va falloir que je cherche "des gens"… » On ne précisait pas, on n'épiloguait pas, chacun avait compris. Le commandant avait transmis l'info pour sauver ce gentil couple et leur petit garçon. Les Cazenave faisaient partir mon père à l'aube, qui se réfugiait dans la maison Sarthou d'Émilie Hourcade, la maman de Marie, ou dans le haut de la gare routière, devenue la poste aujourd'hui. Il y restait parfois des jours et des jours. Maman me promenait en landau dans le village et mon père nous apercevait du haut de la gare, depuis son grenier, sans pouvoir nous approcher. Quant à notre mère… C'est un mystère. Un autre miracle. Elle aussi était juive, elle aussi aurait dû être inquiétée, déportée. Même si son fils, mon frère Guy, avait été baptisé et que sa marraine était Marie Cazenave, son patronyme – comme celui de mon frère qui était à l'école communale – était bien Frydman : on a connu plus béarnais… Je ne peux expliquer l'inexplicable. La rumeur courait – fausse rumeur, hélas, les travaux de Serge et Beate Klarsfeld le montreront cruellement – que les mères et les femmes enceintes étaient épargnées par la Gestapo… Est-ce pourquoi je suis né, à l'instar de quelques-uns de mes cousins, en cette année 1943 ? Bébé-protection, bébé de la deuxième chance, bébé du double espoir. Déjà. Toujours est-il que j'ai poussé mon premier cri à une heure du matin un 3 novembre dans cette maison située en face de la gendarmerie. Mon frère et ma cousine Rosette, blottis dans leur lit dans la pièce d'à côté, n'ont rien perdu du bruitage de ma venue dans ce monde… La sage-femme du village, Ida Taberne, ne voulait pas laisser maman seule après la délivrance. Ma mère avait beau lui dire d'aller se reposer, que tout allait bien, non, consciencieuse, elle restait à son chevet assurer les deux heures réglementaires. Pendant que mon père, caché dans la pièce d'à côté, trépignait d'impatience. Mais qu'elle parte, bon sang ! Que je puisse voir mon fils ! Embrasser mon René !

Ce jeu de cache-cache durera jusqu'à ce que nous puissions tous remonter, fin 1944, dans un Paris libéré. Nous avons récupéré l'appartement-atelier mis à mal en leur absence – les Allemands avaient piqué leur machine à tricot – et ils se sont remis à l'ouvrage. Jamais ils n'ont oublié ce qu'ils devaient aux Cazenave. Jamais ils ne se sont perdus de vue. J'ai grandi avec cette histoire, cette main tendue sans laquelle sans doute je ne serais pas ici. Aujourd'hui mes parents sont morts, Jean et Marie Cazenave aussi, mais les générations suivantes se fréquentent toujours. Mon frère a fait des démarches pour qu'ils soient reconnus Justes parmi les nations. Une enquête a été diligentée, il faut apporter la preuve qu'il y avait un vrai danger et une aide réelle… Le 23 octobre 2011, Jean et Marie Cazenave et Émilie Hourcade ont reçu la médaille des Justes à titre posthume. Un peu plus tard, le comité France-Israël a organisé un voyage en Israël pour les Justes, leurs enfants ou petits-enfants. La petite-fille de Marie Cazenave, Léa, trentenaire jolie comme un cœur, a accepté d'y aller avec mon fils Raphaël. Moi, j'avais un congrès au même moment à Tel-Aviv. On s'est retrouvés tous trois à Yad Vashem, l'Institut international pour la mémoire de la Shoah, sur le mont du Souvenir à Jérusalem. Ce fut émouvant, bien sûr, mais le plus fort pour moi, curieusement, ce ne fut pas là. Ce fut plus tard, lors d'un après-midi consacré au témoignage de rescapés. Un gars s'avance pour parler, un gars qui a *grosso modo* mon âge, et qui raconte une histoire qui pourrait être la mienne… Je l'écoute et c'est comme si, soudain, à ce moment précis, je comprenais que moi aussi, je suis un rescapé ! Avant, c'était plutôt l'histoire de mes parents, pas la mienne. Histoire d'ailleurs que j'avais un peu mieux perçue après un voyage en Pologne. Je me permets de vous le raconter. C'était dans les années 2000, l'un de mes étudiants, tombé amoureux d'une Polonaise, était parti là-bas pour l'épouser et travailler. Un jour il me demande de venir à Varsovie faire une conférence et enseigner une technique chirurgicale. Pologne… Varsovie… Aussitôt je pense à mes parents, hélas disparus, et à qui j'avais fréquemment proposé de m'accompagner sur leur terre d'origine. Réponse en chœur : il n'en est pas question, on ne retournera jamais là-bas ! Je pars seul. Jolie ville, toute reconstruite, aux avenantes façades colorées. Le premier jour, j'ai la tête dans le guidon, j'opère, je ne pense à rien d'autre. Alors que je sors du bloc, une grande carte sur le mur du couloir m'attire. Une carte de la Pologne avec des centaines de villes. Dans cette foultitude de noms écrits en petit, c'est comme si l'un était éclairé plus que les autres : Radom ! Comme s'il clignotait. Je savais que mon père était né dans un petit village pas loin de ce Radom, à Przytyk très précisément. Je ne peux m'empêcher de faire cette remarque à mon étudiant : « C'est incroyable, Radom, c'est tout près de Varsovie ! » Si tu veux, on peut y aller, me propose-t-il, on y est dans une heure. Nous partons dans sa voiture. On arrive à Przytyk, une route non goudronnée, des petites maisons de village mais une grande église. Lui, plein de bonne volonté, essaie de parler à des anciens, leur pose des questions... Les réponses tombent comme des fins de non-recevoir : non, il n'y avait pas beaucoup de juifs ici, non, il n'y a pas de cimetière juif, non, on ne se souvient pas...

Retour à Varsovie. Et le lendemain avion pour Paris. Deux mois plus tard, je reçois une vidéo. Mon étudiant, sans doute malheureux de la façon dont s'était déroulée notre excursion, a voulu y retourner avec son épouse. Elle, a pu parler polonais aux villageois pendant que lui filmait et traduisait à mon intention. Je regarde une première fois le film, mais puisqu'il y a beaucoup de propos échangés en polonais, je me dis que ce serait bien si mes cousins encore vivants le voyaient avec moi. Mes trois cousins – dont deux rescapés d'Auschwitz qui s'étaient mariés peu avant au ghetto de Radom ! – acceptent. Et là, c'est le film dans le film. Alors que mon ex-étudiant nous montre le cimetière juif, finalement retrouvé avec ses tombes démantelées, alors qu'il me retransmet le plus diplomatiquement du monde les propos recueillis, mes cousins comprennent les vraies paroles. Un tombereau d'insultes antisémites ! Des horreurs !

Étonnante Pologne, qui fut si antisémite et à la fois eut près de sept mille Justes (pour quatre mille en France). Autre étonnement : ils n'ont pas débaptisé le petit village « Frydman », rien à voir avec nous mais écrit de la même façon, qui se trouve à quelques kilomètres de Cracovie, dont le registre municipal ne mentionne que sa conversion au catholicisme au XVIIIe siècle. Conversion libre ou forcée ? Pas précisé.

Toutes ces petites pierres sur la route de mes origines m'ont construit, bien sûr. Et expliquent ma fidélité à mon village de naissance. J'y reviens souvent. Quand je me rends au Congrès annuel de gynéco-obstétrique de Tarbes, je ne manque pas de saluer les Cazenave. À l'occasion de l'anniversaire de la libération des camps, il y a une quinzaine d'années, une équipe de télé m'a proposé de retourner à Soumoulou avec mon frère. Ils filment la gare où se cachait notre père, le cimetière où une jeune fille juive, embarquée dans une rafle et exterminée, est enterrée, l'ancienne gendarmerie, l'école – qui porte mon nom aujourd'hui et je n'en suis pas peu fier ! –, et tiennent absolument à nous filmer devant la maison. Je leur rétorque qu'elle n'a vraiment rien d'exceptionnel mais bon, ils insistent. La caméra tourne au moment où j'arrive devant la porte et, là, l'obstétricien que je suis découvre une plaque : « Sage-femme » ! Une sage-femme venait d'établir sa permanence ici ! Une sage-femme qui me connaissait puisque chaque année elle venait elle aussi au congrès tarbais dont je vous parlais. Congrès dirigé par Michel Dagues-Bié, un gynécologue dont la mère, comme la mienne, a été accouchée par la fameuse Ida Taberne, qui a vécu cent ans. La vie a de ces clins d'œil…

# T

## Titicaca

*« J'ai vu les ravages qu'entraîne la stérilité. »*

L'amphithéâtre de l'ambassade de France est plein. Au moins trois cents personnes. Je m'apprête à donner une conférence sur la stérilité. En espagnol, langue que je manie assez bien. Nous sommes en 2002 à Lima, au Pérou. L'un de mes anciens stagiaires, Julio Diaz, revenu dans son pays pour y exercer la médecine de reproduction après trois ans dans mon service à Clamart, m'a invité. En plus de séminaires organisés par la Société de gynécologie péruvienne, il a prévu cette conférence. Les médias et l'ambassade de France ont si bien relayé l'information que le public a répondu présent. Un public bigarré, de femmes surtout, à l'aune des vêtements, capes, robes indiennes aux teintes vives, chapeaux melons légèrement en biais, sur visages indiens, terriblement indiens. Ne sachant pas trop le niveau de compréhension de mon auditoire, j'essaie d'être le plus didactique possible. Je me débats *a cappella* avec les accents aigus ou graves du *castellano* qu'il convient de porter à la fin de certains mots. Et, une fois mon topo terminé sur les avancées en matière de traitement de la stérilité, je demande s'il y a des *preguntas* (des questions). La salle, si silencieuse durant mon exposé, ne sort pas de son mutisme. Histoire de briser la glace, l'escouade de l'ambassade amorce une salve d'applaudissements. Soudain, mes auditrices se lèvent et se mettent en rang… dans l'intention de m'exposer l'une après l'autre leur problème d'infertilité (parfois secondées par un traducteur quechua : certaines doivent venir de ces lointaines contrées montagneuses). Me voyant bientôt submergé par les doléances, Julio et son équipe viennent à ma rescousse. Ils notent les noms, fixent des rendez-vous de consultations gratuites dès le lendemain à leur hôpital. Sans documents, sans autres données scientifiques que leurs plaintes, qu'aurais-je pu faire ? À part me lancer dans des prêches miraculeux ? Je ne suis hélas pas agrégé ès miracles.

Un peu partout dans le monde, de l'Égypte au Vietnam, du Cameroun au Pérou, j'ai pu voir les ravages qu'entraîne la stérilité. Même si la population y est en surnombre, ce revers du destin reste sur le plan individuel un problème majeur. Il y va de la survie des femmes ; si elles ne sont pas mères, les autres ne les reconnaissent pas. Elles sont reléguées par leur compagnon, leur belle-famille, le clan. Elles en viennent à se déprécier elles-mêmes, s'isolent et, parfois, la fin de leur histoire est bien sombre. Comment ne pas comprendre cet appel à la vie, ce désir de solution scientifique nouvelle ? Comment ne pas vouloir les aider au mieux ? Entre parenthèses, c'est là qu'on peut mesurer la chance des couples français qui bénéficient d'une complète prise en charge grâce à notre formidable système de Sécurité sociale… À cette époque, à Lima, il y a deux centres de FIV balbutiants. Mais Julio sillonne tout le pays en voiture et offre des consultations à Cuzco, Arequipa, Piura…

Je suis allé quatre, cinq fois dans ce merveilleux pays, l'un des plus riches sur le plan culturel de l'Amérique latine. J'en ai profité pour accompagner Julio, et pour visiter bien sûr. Les incontournables : le musée de l'or, le musée des poteries érotiques, celui des tissus anciens, et les sites à peine découverts. Je pense au trésor de Sipán, cette magnifique tombe du Nord du Pérou pleine de bijoux et d'ornements somptueux, d'objets en or, en argent, de céramiques, dans la lignée des tombes égyptiennes. Sauf qu'ici ce sont les hauts dignitaires moches, ou mochicas, qui y ont été enterrés entre 100 et 700 après Jésus-Christ. Moins connus mais tout aussi extravagants : on a retrouvé plusieurs squelettes féminins entourant le seigneur, lui-même enseveli avec des ustensiles de cuisine (pour être sûr d'être nourri dans l'au-delà ?), mais aussi des enfants, ses chiens et autres animaux. Tous endimanchés et ultrabijoutés, de quoi nous donner une idée des fastes de leur règne, que découvriront bien plus tard les envahisseurs espagnols. Cela en dit long sur la considération portée aux femmes et aux enfants, victimes de sacrifices. Que même *Tintin et le Temple du soleil* n'ont pas réussi à effacer. Reste cette réalité : un passé opulent éradiqué par la christianisation forcée des conquistadors. La surcharge indécente des églises péruviennes me laisse particulièrement mal à l'aise quand on sait sur quelle exploitation humaine elles ont été édifiées.

De Cuzco au lac Titicaca, il faut compter huit heures de train – un train tout confort style Pullman –, huit heures à jouir d'un paysage à couper le souffle. Le lac est l'un des plus hauts du monde à près de quatre mille mètres. On imagine les Indiens Uros, premiers habitants de l'île du Soleil, la plus grande du lac, se déplacer à bord de leurs barques en totora, le roseau local. Recèle-t-il toujours dans son fond l'or et l'argent que convoyaient les hommes du dernier empereur inca, Atahualpa, à l'intention du conquistador Francisco Pizarro qui l'avait fait prisonnier ? Apprenant que ce dernier les avait trahis et avait exécuté leur chef, ils auraient jeté la rançon dans l'eau. Je n'ai pas plongé pour vérifier. Si le cœur vous en dit… En revanche, j'ai expérimenté la difficile respiration en altitude. Sans préparation physique, pas évident. Le manque d'oxygène nécessite quelques précautions, il faut boire régulièrement et abondamment, mâcher des feuilles de coca aux premiers maux de tête. Voilà pour les remèdes locaux. Il y a également un peu partout des stations d'oxygène, dans la rue comme dans les chambres d'hôtels… La chance a voulu que j'arrive le jour du marché des miniatures. Curieux spectacle : les ustensiles les plus courants, montres, jouets, outils, objets de décoration… minuscules ! Un artisanat de survie pour cette population pauvre, très pauvre.

D'autres séjours m'ont permis d'apercevoir le vol des condors planant non loin d'Arequipa en empruntant la route des volcans enneigés mais encore actifs. Une autre fois, en bateau, à la naissance du grand fleuve Amazone, je me suis laissé bercer par la beauté de cette nature insolite, ces bruits étranges d'animaux invisibles et pourtant si présents, cette luxuriance qui rappelle les tableaux du Douanier Rousseau. La création et ses richesses. Les deux bras du fleuve, l'un avec ses surprenants dauphins roses, l'autre avec ses piranhas, étonnamment ne se mélangent pas. On peut même s'y baigner en toute tranquillité (à condition d'avoir un guide sérieux qui vous indique le bon embranchement…). Protégés par Inti, le dieu du Soleil, représenté par un disque solaire à forme humaine entouré de rayons lumineux. Cette divinité est connue pour s'être mise à pleurer quand le malheur s'est abattu sur ses sujets. Ses larmes furent si abondantes qu'elles inondèrent la vallée en quarante jours, donnant naissance au lac Titicaca. À chaque fois, je quitte à regret ce pays de légendes où se côtoient pauvreté et modernité, où entre deux baraques de fortune, en plein milieu d'un village perdu du pays montagnard quechua, on peut déjà tomber, comme cela m'est arrivé, sur un café Internet.

# U

## Utérus

*« Mars 2019, la première greffe française. »*
*« Sélectionner la bonne dyade mère-fille. »*

*L'Annonciation*, que je ne manque jamais d'admirer au premier étage du musée San Marco quand je suis de passage à Florence, est un chef-d'œuvre de Fra Angelico. Mais je voudrais vous parler d'un autre de ses tableaux qui, lui, se trouve au rez-de-chaussée : *Le Rêve du bedeau. Côme et Damien pratiquant la transplantation miraculeuse d'une jambe.* On y voit saint Côme et saint Damien, patrons des chirurgiens, y procéder à une greffe de jambe sur Justinien, le sacristain – ou bedeau – de la basilique romaine de Côme et Damien. Gagné par la gangrène, il a dû être amputé et il rêve que les deux saints de son église lui greffent la jambe… d'un Africain décédé. Justinien est donc représenté avec une jambe blanche et une moitié de jambe noire ! Cette vision miraculeuse ayant été peinte au XVe siècle, on voit que ce n'est pas d'hier que le sujet de la greffe trotte dans les esprits.

Depuis on a en a réalisé de vraies, et de toutes sortes. Des vitales ou des greffes qui permettent d'améliorer la vie. Depuis celle de la cornée en 1905, on ne compte pas les succès : première transplantation rénale (1952), première transplantation de moelle osseuse (1957), de foie (1963), du cœur (1967), de main (1998), entre autres, sans oublier, plus récemment, celles du visage (2005), de deux bras entiers (2008) et de l'utérus (2014). C'est cette dernière, bien sûr, qui intéresse l'obstétricien que je suis. Elle a été effectuée par une équipe suédoise à Göteborg, sous la responsabilité du professeur Mats Brännström. Cette même équipe qui viendra nous épauler cinq ans plus tard, le 31 mars 2019, quand mon ami, le professeur Jean-Marc Ayoubi, et nos équipes réussiront la première greffe d'utérus en France, à l'hôpital Foch de Suresnes.

Qui a besoin d'un utérus ? Les femmes qui sont nées sans. Une petite fille sur cinq mille vient au monde dépourvue d'utérus. Atteintes du syndrome de Mayer-Rokitansky-Küster-Hauser (MRKH), elles s'étonnent que leurs règles tardent à venir. Une échographie confirme l'anomalie aux parents stupéfaits. L'adolescente doit se construire avec cette réalité : bien qu'ayant des ovaires fonctionnels, elle ne pourra jamais, faute d'utérus, avoir d'enfants. Les solutions ? L'adoption. Mais on sait que les enfants susceptibles d'être adoptés sont de plus en plus rares. La GPA ? Avoir un enfant génétiquement de soi et de son amoureux… au prix fort : le faire porter par une esclave. J'y suis résolument opposé (voir chapitre « G comme GPA »). Troisième solution : la greffe d'utérus. Cela fait un bout de temps que les médecins y pensent et que des essais sont effectués sur les animaux. Il se trouve que l'utérus est plus compliqué à prélever qu'un rein, par exemple, tant la région qui l'accueille est vascularisée. Il y a eu des essais tout d'abord en Arabie saoudite puis en Turquie, sans succès. La première équipe qui est parvenue à faire une greffe d'utérus sur l'humain – après des années de travail sur l'animal, sur la vascularisation et sur les rejets –, c'est l'équipe suédoise de Matts Brännström. En 2014, le premier bébé né dans un utérus prélevé sur une femme vivante a vu le jour à Götenborg.

Je connaissais Lars Hamberger, le patron suédois de Matts, et, quand je suis arrivé à l'hôpital Foch en 2011, je savais que Jean-Marc Ayoubi, chef de service de gynécologie-obstétrique, s'intéressait à cette question de greffe d'utérus. Dès mon arrivée, j'ai œuvré au mieux pour que ce service soit doté d'un supercentre de PMA puis j'ai fait le *go between* avec les Suédois. Il faut savoir que Foch est très performant en robotisation, ce qui permet d'opérer de façon plus précise, et que, par ailleurs, ce service s'occupe des transgenres. Les conditions étaient donc réunies. Foch reçoit des femmes jeunes, mal dans leur peau féminine, qui désirent changer de sexe. Ce qui ne se fait évidemment pas du jour au lendemain. Il y a tout un protocole : elles passent d'abord par des consultations psy et si, après un long cheminement, la demande se précise et semble en adéquation avec leur personne, on commence à leur donner des hormones « masculinisantes ». Après un temps d'adaptation, on peut ensuite envisager leur demande d'ablation des seins, que souvent elles ne supportent plus. Tout comme leur utérus et ses menstruations dont elles (ils) se passeraient volontiers. Je suis allé en voir quelques-unes, je leur ai demandé ce qu'elles penseraient si leur utérus était prélevé pour un don. Toutes m'ont répondu : « Formidable », y trouvant sans doute une énième justification à leur métamorphose. Quand vous devez enlever un utérus, c'est généralement qu'il a une maladie. Chez ces femmes-là, l'utérus est sain, un avantage de plus pour réussir une greffe. Sauf que, quand on a commencé à proposer ce projet à différentes instances, ça a été le tollé. Fin de non-recevoir. La crainte – infondée – que l'on facilite les hystérectomies par intérêt scientifique…

N'ayant pas ce genre de patientes dans son service, Mats Brännström s'est tourné vers les mères des femmes atteintes de MRKH. Car l'utérus est un organe qui vieillit peu. Même un utérus de cinquante ou soixante ans, bien préparé par les hormones, peut recevoir et abriter un embryon venu de l'extérieur. On peut vivre normalement sans utérus, sexuellement aussi lorsque le vagin est intact. En 2015, l'équipe de Limoges avait déposé un projet à partir de patientes décédées, mais les premiers succès de ce type de greffe sont le fait des équipes médicales de Cleveland et de São Paulo. Pour notre part, à l'aune de ce qui s'initiait en Suède, nous avons visé la greffe à partir d'une femme en vie.

La différence entre un prélèvement sur personne vivante plutôt que sur une morte, c'est que le second peut se faire sans grand risque alors que le premier, à cause des nombreux vaisseaux qui embrassent l'uretère, est délicat. Mais ce sont des interventions que l'on sait pratiquer en cancérologie : quand on enlève une tumeur de l'utérus, on doit forcément tenir compte des vaisseaux de cette région. Les avantages sont nombreux : en intervenant sur une personne en vie, on bénéficie de sa volonté exprimée, on connaît son passé médical, on sait si son utérus est sain (ce n'est pas toujours le cas avec l'utérus d'une femme qui vient de décéder : et s'il était porteur d'un cancer, d'une lésion, d'une dysplasie ?). Si l'on peut recourir à l'organe de la propre mère de la jeune femme, on augmente les chances de compatibilité tissulaire, évitant le rejet de la greffe. Même si, comme pour toute greffe d'organes, il faut accompagner le processus d'un traitement antirejet et le poursuivre une fois l'enfant né. Il conviendra ensuite, sauf, bien sûr, si la jeune maman souhaite un second enfant, de procéder à l'enlèvement de l'utérus greffé pour éviter un traitement lourd devenu inutile.

Dans cette aventure, il faut examiner à la loupe la relation mère-fille. Pas si simple. Il y a quand même *in fine* un jeune homme qui va faire un enfant dans l'utérus de sa belle-mère, et une fille qui va accoucher d'un enfant qui s'est lové dans l'utérus dans lequel elle-même a grandi. Tout cela mérite un peu de réflexion.

Ce qui signifie que pour qu'une telle opération réussisse, il faut être chirurgien, il faut être greffeur, il faut être immunologiste, il faut aussi une équipe d'anesthésistes. Sans oublier des psys en amont pour sélectionner les donneuses et les receveuses. Et avoir, cela va sans dire, un centre performant de PMA qui puisse donner des embryons de qualité.

Donc j'ai fait le lien entre nos deux équipes. Jean-Marc Ayoubi et moi sommes allés sur place à Göteborg, les Suédois sont venus à Foch pour juger de notre avancée en robotique. Voilà comment en 2017, l'équipe de Foch a commencé à sélectionner, parmi plus de deux cent cinquante patientes volontaires, la bonne dyade mère-fille. Beaucoup de candidates, peu d'élues.

Après l'examen de critères qu'on peut qualifier de sévères, Déborah et sa mère Brigitte ont été choisies en 2018. Brigitte, cinquante-sept ans, s'était toujours dit que si un jour on pouvait réussir sur les humains ce qu'une équipe était parvenue à faire avec des souris au début des années 2000 – leur greffer un utérus –, elle se porterait volontaire. Elle a tenu parole. Dans un premier temps, on a commencé à prélever les ovocytes de Déborah pour les féconder avec les gamètes de son mari, Pierre, puis on a congelé les meilleurs embryons. Le 31 mars 2019, les deux femmes ont été endormies dans des blocs opératoires voisins. Même si je n'opérais pas, j'étais bien sûr présent. Nous avons commencé à huit heures du matin un dimanche. Beaucoup de personnel présent, infirmiers, chirurgiens anesthésistes. Une sacrée équipe qui se relayait à côté des patientes ou derrière les écrans. L'utérus de Brigitte a d'abord été prélevé dans le bloc 15, puis transplanté en début d'après-midi à Déborah endormie dans le bloc 14. Ce n'est qu'à minuit qu'ont été levés les clamps, ces pinces hémostatiques qui permettent d'arrêter le sang le temps des sutures vasculaires. Et là, suspense, *let's cross fingers* : pourvu que ça tienne ! Ça a tenu ! Je peux vous dire qu'à ce moment l'équipe ne contient pas ses cris de joie ! Saut magique dans le temps, le jour de la Saint-Valentin 2021, Misha est née à 32 semaines et 4 jours, prématurée de 1 845 grammes, mais respirant à pleins poumons. Concrétisation toute rose d'un rêve qui semblait impossible.

La Covid a interrompu un temps nos interventions mais nous continuons, bien sûr. Je suis content d'avoir accompagné cette première en France. En octobre 2021, environ soixante-dix greffes avaient déjà été réalisées dans le monde et près de quarante bébés en ont résulté. Par ailleurs, les techniques évoluent. L'ablation et surtout la greffe utérine vont pouvoir se faire par robot-chirurgie, c'est-à-dire sans cicatrice abdominale, puisque c'est par la voie vaginale que l'on va placer l'organe utérin donné.

Mais ce n'est pas tout de faire des expérimentations, il faut aussi les évaluer. La science, c'est émettre des hypothèses et les tester sans faire courir de risques démesurés – physiques, psychiques – à la donneuse, à la receveuse, à son compagnon et à leur bébé. Il nous faut donc du recul, poursuivre le protocole, tenir compte d'éventuelles complications avant de prendre des décisions définitives sur l'intérêt de la méthode. Prudence avisée. Le b.a.-ba d'une juste attitude scientifique.

# V

## Van

*« Un vrai conte en forme de road-movie. »*

Paris, jardin du Luxembourg, une fin d'après-midi de l'été 1973. En compagnie de mon épouse et de notre premier enfant âgé de cinq ans, je me promène d'un pas lent, un peu écrasé par la chaleur. Soudain un homme s'approche et, avec un fort accent américain, nous demande : « Est-ce que vous accepteriez que je vous donne ma voiture ? » Âgé d'environ trente-cinq ans, plutôt beau gosse, il semble préoccupé. Nous poursuivons en anglais. Il nous explique qu'il doit repartir précipitamment demain aux États-Unis mais qu'il ne sait pas quoi faire du van qu'il a acheté pour visiter la France. Il a bien essayé de le vendre à droite à gauche, sans succès. Et comme sa dernière tentative vient d'échouer juste à côté – un syndicat étudiant du Quartier latin –, il ruminait son dépit au Luco.

Jusqu'à ce qu'il décide de le donner au premier intéressé plutôt que de le laisser en jachère dans une rue. Restait à trouver le quidam sympathique qui accepterait ce curieux cadeau tombé du ciel. J'étais la deuxième personne à laquelle il s'adressait, la première n'ayant pas écouté jusqu'au bout son discours. J'avais une bonne tête, une bonne tête de père de famille qui plus est. Un peu surpris, je m'entends lui répondre : pourquoi pas ? J'ajoute que nous devons d'abord rentrer à la maison pour faire dîner notre fils et qu'ensuite, s'il nous donne son adresse, on le rejoint. Il me dit qu'on pourra le trouver à l'hôtel, place de la Sorbonne, qui à l'époque n'était pas piétonne. Toujours attiré par les situations extravagantes, je fais fi des objections de ma moitié : « C'est sûrement une voiture volée », « Il y a une histoire de drogue là-dessous », « La voiture doit être une épave, bonjour le cadeau empoisonné », voire pire. Malgré tout Monique accepte de m'accompagner. Nous voilà dans le hall de l'hôtel en question. Nous le faisons appeler. Il répond au concierge que nous devons le rejoindre dans sa chambre. Ascenseur. Porte. Toc toc ! Il nous ouvre en peignoir et retourne dans son lit… près d'une belle jeune fille en tenue d'Ève… Doute. Gros doute. Dans quel piège sommes-nous tombés ? S'agirait-il d'une rencontre… particulière ? Pas du tout, il nous explique calmement que son retour précipité vers son pays natal l'amène à profiter du peu de minutes qu'il lui reste avec son amoureuse française, qu'il est désolé de ce manque de civilité, mais… Il nous remet les clés, les papiers, l'assurance, non sans nous préciser où la voiture est garée, et nous salue. Voilà comment en début de soirée, nous nous sommes retrouvés, Monique et moi, à remonter le boulevard Saint-Michel, qui était alors à double voie, dans un van bleu marine aménagé cuisine et couchettes, tout étonnés de ce tour du destin. Aussitôt nous décidons de faire la tournée parisienne de nos amis pour leur raconter notre incroyable histoire, leur préciser que ce van serait collectif, bref que chacun pouvait l'emprunter. Mais comme souvent les belles histoires culbutent, celle-ci s'est terminée dans un ravin après deux ans de week-ends partagés, de vacances insouciantes sans que jamais son ancien propriétaire ne se manifeste.

Notre plus belle virée en van fut celle du Maroc, où nous avons rejoint deux amis partis bien avant nous pour faire la route *via* l'Espagne. C'était la période des dattes et des moussems, ces fêtes coutumières marocaines où se décident les mariages. Nous nous sommes retrouvés dans la province berbère du Haut-Atlas, à Imilchil, où chaque année se tient justement le Festival des fiançailles. Des jeunes garçons et des jeunes filles se choisissent collectivement, plus ou moins librement, disons poussés par une pression tribale manifeste. Je me souviens que les filles avaient le visage peint de dessins géométriques et portaient des capuches noires pointues. Une fois la rencontre faite, les nouveaux couples déambulent sur une estrade et leurs fiançailles sont annoncées au public en musique, à coups de tambourins. Nous avons été invités à dormir sous une tente berbère – beaucoup plus exotique que notre van garé sur un parking – avec toute une famille non loin des enclos de chèvres, chevaux et dromadaires. Mais avant de nous coucher, nous sommes allés un peu plus loin au fond de l'allée centrale prendre un thé sous une grande tente noire en poils de chèvres et de chameaux transformée en café, juste après celle d'un vendeur d'ustensiles, celle du tailleur, celle d'un vendeur de fruits, légumes et autres denrées alimentaires. La nuit tombante, la lune, qui était en croissant comme il se devait, nous couvait des yeux. Trois musiciens jouaient du violon, assis en tailleur, la caisse de résonance posée à l'intérieur du genou, l'archer ne bougeant pas, seule la rotation du violon permettait à la corde choisie d'exprimer le bon son… Ambiance insolite. Ma femme était tolérée parce qu'étrangère, mais visiblement cette fois-là n'était pas coutume. Et que dire de ce jeune homme gracile, habillé en femme, aux yeux soulignés de khôl, qui s'est mis à danser dans cette atmosphère enfumée et masculine ? L'excitation montait à mesure que la nuit tombait. Nous avons sagement choisi le chemin des étoiles dans la tente familiale. Fin de la fête. Tôt le lendemain, nous sommes repartis avec dans les yeux, ces moments rares, véritable réminiscence d'un conte des *Mille et Une Nuits*, un conte qui avait commencé pour nous bizarrement au jardin du Luxembourg.

# W

## Waterloo

*« Face à la mort,*
*la garde impériale ne se rend jamais. »*

Le jour de son treizième anniversaire, mon frère a reçu un petit appareil photo et il a décidé d'aller à la découverte des monuments de Paris, un par jeudi, pour les immortaliser. Il m'a proposé d'être de l'aventure. J'avais six ans. J'étais supercontent. Déjà que mon grand frère me montre ainsi son affection, ensuite de découvrir Paris, hors notre quartier de la rue Saint-Antoine. Ces petites photos en noir et blanc, je les regarde de temps en temps. Non sans émotion, non sans nostalgie. Moi en culottes courtes devant l'Arc de triomphe, Guy devant la tour Eiffel, moi devant le Sacré-Cœur, etc. De tous ces édifices grandioses et impressionnants, j'ai vite élu mon favori : les Invalides, avec ses canons pointés vers la Seine et, dans l'immense crypte de son église Saint-Louis, le majestueux sarcophage de quartzite rouge de Napoléon Ier. La grandeur, l'évocation de cet homme… allez savoir pourquoi, j'étais subjugué. Comme on l'est minot, pleinement, passionnément, ignorant les aspects moins reluisants du personnage, de son décret rétablissant l'esclavage à ses guerres lourdes en vies humaines, de son centralisme à outrance à son culte de la personnalité. Ma fascination était telle que je me suis mis à collectionner les figurines en plastique des généraux d'Empire offertes dans les paquets de café Mokarex. Il y avait ceux dont les noms figuraient sur les plaques des grands boulevards ou des avenues chics de Paris, d'autres dont je découvrais l'existence. Plus tard, en cinquième, j'ai eu la chance d'avoir un prof d'histoire aussi bon pédagogue que comédien, qui savait faire revivre Napoléon. Je partageais l'enthousiasme des grognards pour leur chef. Ébloui par le faste de son couronnement, admiratif de son courage au retour de l'île d'Elbe seul contre tous. Caressant le rêve que si untel et untel n'avaient pas trahi, Waterloo ne serait pas resté morne plaine.

Il se trouve qu'entre l'âge de six ans et quinze ans, j'ai passé la plupart de mes vacances scolaires dans une pension de famille à Fontainebleau. Outre la ville, la forêt, j'avais bien sûr une prédilection pour le château et son jardin que je rejoignais à vélo.

Joli parc, harmonieux, romantique par endroits. Mais ce que je préférais, c'étaient ses bassins grouillant de carpes, certaines centenaires. La légende disait qu'on pouvait reconnaître celles qui avaient connu Napoléon à l'anneau qu'elles portaient sur le museau. J'ai longtemps scruté les eaux troubles. Sans résultat.

À onze ans, je donnais un coup de main au restaurant d'André, le fils de Mme Guignepain, la maison où j'étais pensionnaire, juste en face du château. Cet été 1954, Sacha Guitry tournait son *Napoléon*. Tous les acteurs venaient déjeuner au restaurant. C'était la première fois que j'assistais à un tournage de film. L'enfant timide que j'étais avait les yeux écarquillés. J'ai été marqué par le discours d'adieu de l'empereur sur le célèbre escalier, la beauté des costumes, les postures, les répétitions… C'est dire si j'ai été vexé quand Sacha Guitry m'a refusé un autographe sous prétexte que je lui tendais un papier ordinaire. Monsieur n'apposait sa signature que sur des bristols, des cartes postales ou du papier à en-tête. Heureusement, d'autres membres de l'équipe étaient plus sympathiques, en particulier celui qui jouait l'aide de camp de Napoléon.

Les légendes sur les maréchaux d'Empire me fascinaient tant que je n'avais de cesse de me documenter sur leur vie. Elles me fascinent toujours. L'année dernière j'ai même visité la maison où Joachim Murat est né, le 25 mars 1767, à Labastide-Murat, dans le Lot. Une simple demeure d'aubergiste, père de onze enfants. Sacré destin que celui de son petit dernier qui, depuis sa lointaine campagne, est devenu, après une formation de séminariste, militaire de génie, talentueux cavalier avec un goût du panache, une classe folle. C'était mon héros de cœur, au point là encore de ne pas vouloir gratter sous ses habits de lumière. J'ai longtemps regretté, à l'instar de l'empereur qui l'écrivit dans ses Mémoires à Sainte-Hélène, que ce dernier ne l'ait pas appelé pour le seconder à Waterloo : sa cavalerie audacieuse y a cruellement manqué. En mémoire de la bataille de la Moskova où, le 7 septembre 1812, il a redoublé de bravoure et d'audace, j'ai acquis, lors d'un séjour à Moscou, un jeu d'échecs avec, d'un côté, des figurines en plomb de soldats de l'armée napoléonienne, de l'autre celles du tsar. Début de ma collection de soldats de plomb peints à la main. Peu à peu, j'ai reconstitué une partie de l'état-major napoléonien aussi haut en couleur qu'élégant.

La vérité, c'est que ces petits hommes en uniforme m'ont sauvé la vie. La garde impériale, on le sait, face à la mort ne se rend jamais. Durant les deux nuits d'hospitalisation où la Covid m'a fait craindre le pire, j'ai puisé mes forces dans cette phrase. Je ne sais si certains ont joué les traîtres, comme durant les Cent-Jours, mais j'ai aimé que ces êtres inanimés servent de rempart à mes angoisses. Et n'est-ce pas merveilleux, au moment où la mort guette, de pouvoir retomber en enfance ?

# XY

## XX, XY

*« Il n'y a pas à favoriser un sexe plus qu'un autre. »*

La publication scientifique avait fait quelques remous. Nous annoncions, en 1988 et en anglais, « la première grossesse chez un sujet masculin ». Oui, ça décoiffe. Sauf qu'il existe bel et bien dans la nature des cas d'intersexuation, appelée communément hermaphrodisme : l'individu est morphologiquement mâle et femelle, caractéristiques pouvant toucher plus ou moins les organes génitaux externes ou internes ainsi que le statut chromosomique. Ici il s'agissait d'autre chose. Le morphotype était féminin mais les gonades avaient des chromosomes XY et XX. Souvent il s'agit d'une grande femme (c'était le cas) dont les gonades possèdent un mixte de XX et de XY. Pour cette première grossesse, nous avons procédé à un don d'ovocytes puis à un transfert embryonnaire, ce qui a permis à notre patiente d'être enceinte et à nous, de publier. Assez simple finalement. Ce n'est pas toujours le cas. D'abord parce que quand on découvre à la naissance une anomalie de la différenciation sexuelle – appellation finalement préférée à « ambiguïté sexuelle », jugée discriminatoire et susceptible d'entacher le regard des parents sur leur enfant –, cette « anomalie » n'est pas toujours simple à définir tant est variable la proportion de caractères sexuels masculins et féminins. Et comme il est difficile de demander son avis au principal – ou à la principale – concerné dans ses langes… Au début de ma carrière je pensais qu'il fallait décider, avec les parents, le plus rapidement possible du genre de l'enfant et donc de son identité sociale, quitte à l'adapter au mieux ensuite au positionnement choisi par un éventuel acte chirurgical. Aujourd'hui, si l'assignation sexuelle doit légalement être déclarée dans les trois jours après la naissance, il est possible, avec l'accord du procureur de la République, de reporter la désignation du prénom et du sexe tant que la situation n'est pas évaluée par une équipe compétente, et surtout pluridisciplinaire. Que dire aux parents ? Quelle orientation choisir qui permette à l'enfant de se développer harmonieusement ? Je me souviens de ces réunions post-naissance et de nos difficultés de communication avec les familles tant que les pédiatres et leurs associés psychologues n'étaient pas entrés dans la boucle. Il me semble donc important de ne pas se précipiter pour fixer un diagnostic et une identité sexuelle alors que les explorations sont en cours. Heureusement cette situation inconfortable est rare, heureusement aussi il n'y a plus d'omerta, ce qui permet de l'aborder plus franchement.

En revanche, il est beaucoup plus fréquent d'être confronté à la volonté de parents souhaitant avoir un enfant de tel ou tel sexe. Là, il ne s'agit pas d'anomalie mais de désir à assouvir. Et pour l'exaucer, tout est bon. Sorciers, grands prêtres, charlatans pullulent qui proposent des traitements ou des rituels abscons. Ou l'art de vendre une panoplie de pseudo-solutions qui ne profitent qu'à ceux qui les conseillent. Un type de régime par exemple a longtemps fait fureur : si l'on espérait une fille, il fallait privilégier une alimentation riche en calcium et en magnésium, et donc diminuer le sodium et le potassium. Aucune efficacité prouvée, bien sûr, mais la chance d'y parvenir… une fois sur deux ! On connaît le vieux truc des médecins qui annoncent aux parents « ce sera une fille » tout en notant sur le dossier « garçon », histoire de se récupérer quelques mois plus tard… Dans le même style de recommandations fantasques pour obtenir le sexe désiré : avoir des rapports sexuels à telle date en fonction de l'ovulation ; des orgasmes de telle ou telle intensité ;

effectuer telle position durant la conception. Vaines mais sans conséquence. Toujours mieux que de subir la posologie d'un certain Athénagoras qui, dans sa Grèce antique, préconisait l'ablation du testicule gauche afin de favoriser le droit, temple – selon lui – du sexe masculin. De quoi donner une furieuse envie de désirer une fille. Plus médicale en apparence, mais tout aussi inefficace : l'insémination artificielle consistant à prélever puis à redéposer dans l'utérus les spermatozoïdes les plus mobiles, ceux-ci étant prétendument plus aptes à donner un garçon. À défaut d'être concluant, ce tri spermatique rapporte beaucoup aux cliniques qui le pratiquent, aux États-Unis en particulier. Sans risquer le complet bide, vu que, de toute façon, encore une fois, il y a une chance sur deux d'obtenir le résultat espéré.

En fait le seul moyen fiable quasiment à 100 % c'est de procéder à une fécondation *in vitro*, de prélever au cinquième jour du développement de l'embryon une ou deux cellules, de les analyser afin de détecter la présence de chromosomes XX ou XY. Cette technique, qui existe depuis trente ans, est autorisée en France… dans les cas de maladies graves pouvant être liées au sexe, mais aucunement dans le but de choisir le sexe de son futur enfant par convenance. Heureusement. Et de nombreux pays estiment qu'il n'y a pas à favoriser un sexe plutôt que l'autre.

D'autres mettent en avant toutes sortes d'arguments et, parmi les plus incroyables, je retiens celui-ci : la sélection du sexe permettrait d'éviter des violences faites aux femmes par leur mari ou leur belle-famille, ou d'éviter les grossesses non désirées vu qu'enchaîner les maternités pour enfin mettre au monde le fils tant espéré fatigue... En outre, ce qui guide maintes sociétés, c'est l'aspect religieux. Paradoxalement, la position officielle du judaïsme et celle de l'université al-Azhar du Caire se rejoignent : pour eux, les femmes qui ont trois ou quatre enfants du même sexe peuvent choisir un sexe différent. Enfin, quand on dit « du même sexe », ne pas se voiler la face : c'est toujours après trois, quatre filles que le désir de garçon se fait préoccupant. Cette forte valorisation, on ne peut plus discriminatoire, de la naissance de garçons pose un vrai problème éthique. Sans compter le déséquilibre démographique que cela risque d'engendrer. Pour toutes ces raisons, l'absurdité qui consiste à favoriser la domination d'un sexe par rapport à un autre ne doit pas être autorisée.

Reste la question du changement de sexe. Elle est plus ou moins encadrée selon les pays et les époques. L'hôpital Foch, où j'exerce, est l'un des centres officiels d'accueil pour les personnes de sexe féminin qui veulent être reconnues comme garçons. La demande y est encadrée, accompagnée, de sorte que le geste chirurgical, s'il est décidé, ne peut être envisagé qu'après une démarche de confirmation. La personne transgenre féminin-masculin va d'abord prendre des hormones masculinisantes avant d'envisager une éventuelle transformation physique telle que l'ablation des seins, voire de l'utérus (voir chapitre « U comme Utérus »). Aujourd'hui, ces gestes chirurgicaux ne sont pas une nécessité pour un changement d'état civil, mais beaucoup y tiennent. J'ai été frappé, en assistant aux consultations du docteur Cordier, psychiatre, responsable de ce protocole, de voir combien, pour ces patientes, leurs attributs féminins étaient insupportables. Venues parfois en couple avec une femme, parfois avec leur mère, elles s'exprimaient sans tabou. Je les ai entendues raconter comment elles s'évertuaient à bander leurs seins naissants à la puberté, combien elles exécraient la survenue des règles, etc. Même pour moi qui n'y connaissais rien, cette souffrance était audible. Et ce qui m'a rassuré, c'est de les savoir accompagnées dans la durée afin de prendre une décision mûrement réfléchie. Il le faut, d'autant plus quand certaines ex-femmes veulent aller jusqu'à la phalloplastie visant à constituer un pénis. Une opération rare et complexe. Pas une mince affaire. Sans oublier, nouvelle donnée de notre société, que, si son utérus a été enlevé, la femme devenue homme est stérile, mais que s'il est en couple avec une femme fertile, tous deux peuvent envisager de recourir au don de sperme…

Attention cependant à ne pas tout confondre. On assiste depuis quelque temps à une inflation de demandes de changement de sexe, surtout chez les enfants, particulièrement les adolescentes. Le recours à cette transidentité rencontre un certain public dans des pays comme la Thaïlande, le Brésil. Mais pas seulement. En Écosse, de nouvelles directives ont été prises en 2021 permettant aux enfants dès l'âge de quatre ans de changer de nom et de sexe, sans le consentement de leurs parents, sans même que ceux-ci soient informés qu'ils en ont fait la demande… En août 2021, une tribune du collectif *L'Observatoire de la petite sirène*, que j'ai cosignée, rappelait le danger de banaliser ce type de question. Comme si l'on pouvait passer d'un coup de baguette magique du réel biologique à telle ou telle différenciation sexuelle. Le tout au nom d'un ressenti, qui peut n'être que temporaire, et d'un « je suis libre de choisir le corps que je veux ». Ce phénomène d'emprise idéologique et mercantile (car de nombreux produits chimiques sont nécessaires, sans compter ensuite les interventions chirurgicales) doit être dénoncé vigoureusement. L'enfant est un être en construction, il n'est pas à même de consentir réellement à une quelconque transformation, il ne cesse d'évoluer avant d'arriver à la maturité. Rien à voir avec les adultes dont je vous parlais plus haut. Il est fondamental de faire preuve de discernement. Garder pour les cas de dysphorie du genre, dûment constatés, une ouverture et un accueil doublés d'un accompagnement sans faille, dénoncer ce qui n'est que le fruit d'une confusion militante.

# Z

## Zoo

*« Helsinki, Melbourne, Varsovie,*
*Shanghai, São Paulo, Melbourne...*
*L'incroyable diversité du vivant. »*

J'aime les voyages, l'aventure. Toujours partant à titre personnel pour de nouveaux horizons, j'ai eu la chance de sillonner la planète, comme je l'ai déjà évoqué. Et de continuer aujourd'hui encore pour y retrouver ceux des trois cent cinquante stagiaires étrangers qui ont travaillé à mes côtés et avec lesquels j'ai gardé des liens d'amitié. Aussitôt arrivé dans une ville inconnue, je m'accorde du temps pour autre chose que la médecine. D'abord les musées, surtout contemporains, d'où je repars avec des affiches, dans l'intention de les faire encadrer à Paris. Elles décorent aujourd'hui encore les murs de la maternité de Clamart, dont j'ai été le chef de service, et ceux de l'hôpital Foch, où j'ai été accueilli. Ensuite, les zoos, aquariums, vivariums… d'où je repars les mains vides mais avec de formidables images mentales. Le monde animal est tellement fascinant. Pêle-mêle me viennent en mémoire les ours blancs d'Helsinki sur leur petite île qu'on rejoint en ferry au sud de la capitale, les lamas et vigognes du Chili, l'immense volière de Melbourne, où des oiseaux, tous plus somptueux les uns que les autres, s'égaillent dans un espace impressionnant. Sans oublier le clou de ce zoo australien : l'ornithorynque. Son bec de canard, ses pattes palmées, son corps de castor… un animal composite. À plus d'un titre : l'ornithorynque est le seul mammifère qui pond !

À Varsovie, j'ai vu le fameux zoo qui a inspiré le film de Niki Caro, *La Femme du gardien de zoo*, adapté du livre de Diane Ackerman. Durant le nazisme, ce parc animalier polonais a servi de lieu de refuge à trois cents juifs. Grâce aux gardiens, Jan et Antonina Żabiński, qui depuis ont été reconnus Justes parmi les nations par le mémorial de Yad Vashem, les réfugiés ont eu la vie sauve. Je me souviens aussi du zoo de Shanghai avec ses dix pandas géants. Le plus surprenant en Chine, c'était surtout de voir déambuler ces femmes, ou ces couples, avec un seul gamin (nous étions encore en pleine politique de l'enfant unique) et cette absence de rires, de cris dans ces lieux pourtant dédiés à nos âmes d'enfants. Dans un tout autre genre, j'ai été très marqué par l'institut Butantan en plein cœur de São Paulo, centre de recherche où sont élaborés vaccins et sérums : il regorge de pythons et de cobras dans les vivariums mais aussi dans une énorme fosse à serpents de tout acabit. On les voit grouiller d'en haut, protégés par une solide rambarde. Merci de ne pas pousser.

Cette attirance pour les zoos, c'est la certitude de découvrir la diversité du vivant sur notre terre et son incroyable capacité d'adaptation au fil des siècles. Comment ne pas citer aussi le magnifique aquarium de Monaco ? Avec sa variété d'hippocampes, ces chevaux de la mer zébrés, marbrés, dorés, hérissés, tigrés ou feuillus – les plus fantastiques, tant ils ressemblent à des végétaux. Alors que dans la majorité des espèces animales, c'est la femelle qui porte les petits, chez les hippocampes, c'est le mâle qui recueille les œufs, les féconde dans sa poche ventrale, les protège, les nourrit jusqu'à leur éclosion. À notre époque où la parentalité se partage enfin, c'est à croire que l'hippocampe a servi de modèle à bien des hommes.

# Remerciements

Je tiens à remercier Maryvonne Ollivry pour sa disponibilité, son soutien, ses remarques, ses exigences d'écriture qui m'ont permis d'aboutir à un texte qui me ressemble. J'en suis venu à regretter que l'alphabet français ne comporte que si peu de lettres…

## Table des matières

*Table des matières*

DANS LA MÊME COLLECTION
LE DICTIONNAIRE DE MA VIE

Claude Lelouch, 2016
Michael Lonsdale, 2016
Patrice Leconte, 2017
Michel Leeb, 2017
Louis Chedid, 2018
Éric Dupond-Moretti, 2018
Gérard Jugnot, 2018
Gérard Darmon, 2019
Élie Chouraqui, 2019
Thierry Marx, 2019
Eddy Mitchell, 2020
Charlotte de Turckheim, 2021

COMPOSITION NORD COMPO
ACHEVÉ D'IMPRIMER EN AVRIL 2022
PAR BRODARD & TAUPIN, LA FLÈCHE (72)
POUR LE COMPTE DES ÉDITIONS KERO
21, RUE DU MONTPARNASSE 75006 PARIS

PAPIER À BASE DE
FIBRES CERTIFIÉES

KERO s'engage pour
l'environnement en réduisant
l'empreinte carbone de ses livres.
Celle de cet exemplaire est de :
800 g éq. $CO_2$
Rendez-vous sur
www.kero-durable.fr

N° d'édition : 3141281/01
N° d'imprimeur : 3047656
Dépôt légal : avril 2022
*Imprimé en France*